领导与口才

LEADERSHIP AND ELOQUENCE

领导力=70%口才+30%管理

彦 涛◎著

台海出版社

图书在版编目（CIP）数据

领导与口才 / 彦涛著. -- 北京：台海出版社，2018.10

ISBN 978-7-5168-2117-6

Ⅰ.①领… Ⅱ.①彦… Ⅲ.①领导人员 – 口才学

Ⅳ.①C933.2

中国版本图书馆CIP数据核字(2018)第212254号

领导与口才

著　　者：彦　涛

责任编辑：武　波　　　　　　　　装帧设计：李爱雪

版式设计：曹　敏　　　　　　　　责任印制：蔡　旭

出版发行：台海出版社

地　　址：北京市东城区景山东街20号　邮政编码：100009

电　　话：010 - 64041652（发行，邮购）

传　　真：010 - 84045799（总编室）

网　　址：www.taimeng.org.cn/thcbs/default.htm

E - mail：thcbs@126.com

经　　销：全国各地新华书店

印　　刷：北京柯蓝博泰印务有限公司

本书如有破损、缺页、装订错误，请与本社联系调换

开　　本：880mm×1280mm　　　　　1/32

字　　数：109千字　　　　　　　　印　张：7

版　　次：2018年12月第1版　　　　印　次：2018年12月第1次印刷

书　　号：ISBN 978-7-5168-2117-6

定　　价：32.00元

　　无论是国家元首，还是企业总裁，或是单位的领导，都必须具备出色的沟通能力和语言表达能力。领导者的说话能力是考察领导者综合能力的重要指标，没有出色的口才，就不可能有出色的管理。事实证明，能言善辩、口才卓越的领导都可为自己注入更多的成功因素。

　　几乎所有的领导活动都离不开"说"这个字眼，无论是传达指令、颁布新规、报告总结，还是社会交往、公关应酬，"会说"的领导总能顺利达成自己的目的。好口才是任何一位领导者都必须具备的能力和素质，具备卓越口才的领导，也一定是一位卓越的领导者。

　　毫不夸张地说：好口才就是领导者提高工作效率的"法宝"，是企业领导人在商海处理好客户关系的"利剑"，是打开事业成功之门的"金钥匙"，更是获得他人及下属拥护和爱戴的"如意棒"。

　　在市场经济迅猛发展的今天，能言善辩、口才卓越的企业领导者越来越显示出独特的优势。领导者说话中肯有力、言之有物，权威不求自立；领导者言辞犀利、咄咄逼人，会迫使对方作出让步，进而达成共识；领导者妙语连珠、慷慨陈词，会促成企业员工齐心协力，为企业创造巨大的精神财富和物质财富。

"哪里有声音，哪里就有力量；哪里有口才，哪里就有了战斗的号角，就有了胜利的曙光。"口才之于领导者，好比氧气之于生命。很难想象，一个口才欠佳的领导者怎么能够在工作环境中支撑局面，稳步攀升，成为百万财富的实践者。

有能力的人未必会说话，但会说话一定是一种能力。古人说："一言可以兴邦，一言可以误国。"可见会说话是多么重要。大至治国安邦，小至家庭和睦都与会说话分不开。常听人说，巧舌如簧的人能够用一根头发牵动一头大象。虽然这话有点夸张，但也说明说话在人们日常生活和工作中显得多么重要。

民间有句俗语："病从口入，祸从口出。"这句话警告人们：张嘴说话也可能招来祸患，嘴巴是人类灾祸之门。虽然嘴很容易招惹麻烦，但是它又是人们不可缺少的重要器官，是人与人传达、交换信息的重要途径，是人们交流思想、抒发情感的重要工具。

好口才并不是天生的，而是从现实中锻炼出来的，"一分天才，九分努力"就是这个道理。一个领导者若没有良好的口才，就如鸟儿没有羽翼一样，举步维艰。

那么，什么叫会说，什么叫不会说呢？口若悬河、滔滔不绝、出口成章、庄谐杂出、旁征博引、引经据典，固然是好口才。对此，语言学家王力说："泼妇骂街往往口若悬河，走江湖卖膏药的人更能口若悬河，然而我们并不承认他们会说话。"

还有人认为"巧编故事犹说真，欺世骗人不露色"便是会说话。然而，我们也看到了，那些人最终是"聪明反被聪明误"，到头来，功夫用尽了，马脚也露出来了，还是落得个为人所唾弃的下场。

还有人认为"言多必失，少说为佳"，殊不知你越这样想越容易出错。因为不善说话的领导者，哪怕只说一两句话，也会让别人生厌。可见，一个领导者是否会说话、是否能把话说到点子上，是至关重要的。身为一个领导，如果说话难听或不着边际、不得要领，势必会引起别人的反感。每个领导都未必是天生的演说家，无数成功的事例说明，人具有极强的可塑性，只要用心加强口才训练，掌握正确的口才训练方法，即使你天生不善言谈，也能练出一副出色的好口才。

《领导与口才》通过大量贴近生活的有趣事例和精炼的要点，通俗易懂地向你介绍了语言表达的技巧及注意事项，理论与故事相结合，让你在轻松快乐的阅读中就能掌握身为领导所应具备的口才技巧，以及提升领导口才的方法，具有很强的实用性与操作性。相信《领导与口才》一定能助你成为口吐莲花、字字珠玑的魅力领导人。

目 录
Contents

第一章

领导讲话之正向引导力
——激励、鼓励、亲和力

下属能否努力工作，取决于团队的士气，而团队的士气离不开领导者的激励。作为领导者，身负管理和激励下属的责任，言语得当会鼓舞人心、提高效率；反之，则会适得其反，令自己陷入管理的尴尬境地。一个善于管理的领导者，言语间总能体现出正向引导力，让下属随时随地都能感受到来自上司的激励，从而信心满满、干劲十足。

正向激励，员工都渴望被领导认可

英国女演员和诗人乔吉特·勒布朗说："人类所有的仁慈、善良、魅力和尽善尽美只属于那些懂得鉴赏它们的人。"任何一个人都希望得到别人的肯定，尤其是得到上级的认可。

美国著名的企业管理顾问史密斯指出，每名员工再不显眼的良好表现，若能得到领导的认可，都能对他产生激励作用。

但是，现实工作中有很多员工竭尽全力地把工作做得很出色，却从未得到过哪怕是一声"谢谢"，绝大多数的管理者都想当然地认为将事情做得出色是员工应该完成的工作。

关于激励，保罗·莫任在他的管理职业生涯中曾感慨地说："过去，我常常忽略了对我团队成员的成就（以及我自己的成就）予以表扬，因为我个人对于这方面从来没有重视过，因此，我就往往忘记了对别人的成就给予表扬。相反，我认为他们所取得的成就只不过是他们规定工作中的一部分，而规定的工作是不需要被特别认可的。"

但是，当莫任到太平洋贝尔公司工作之后，他对给予他人认可及对成功给予表扬的重要性有了新的认识。他发现，这对于其他人来讲是蛮重要的，因此他决定改变自己的领导习惯。为了提醒自己公开认可的重要性，他编制了一张认可他人的优先性列表。每当他的团队取得一个关键成就的时候，他都会亲自走到项目组的每个人面前，和他们握手。他会挑选出几个重要的团队成员，带他们出去吃午饭，他会亲自打电话给每一个团队成员，感谢他们在项目中付出的努力。他会邀请大家共同参加一个小型的办公室聚会，一起享用蛋糕和咖啡。

在采用这些富有激励性的领导方法之后，莫任很快就看到生产率上升了，缺勤率降低了，同事之间正在形成更亲密的人际纽带。更加合作的工作氛围带来了更好的沟通，员工之间的冲突减少了。

有句话说，激励就是管理。激励使员工的激情高涨，激励使团队更加精诚团结。事实证明，善于激励员工的管理者更能赢得员工的信任和尊重。

一、只需说声"谢谢你"

一项又一项的研究表明，这一点非常重要。针对员工流动的调查发现，人们选择离开的最主要原因就是他们得到了"很有限的表扬和认可"。当问到他们认为他们的管理者应该发展哪项技能以使管理工作更加有效的时候，员工将"对他人的贡献给予认可和感谢的能力"放在了首位。

人们都希望自己的工作被领导认可，最希望得到的精神奖励是"谢谢你"。我们可以从欣赏、致谢、表扬以及一些简单的传达中注入"我关心你和你在做的事情"的手势和语言开始。不管形式上是一句简单的"谢谢你"，还是精心准备的庆祝，激励就是反馈——正反馈，是传递"你选对道路了""你确实做得很好""谢谢你"等诸如此类的信息。

二、懂得为员工鼓掌

某王爷手下有个著名的厨师，他的拿手好菜是烤鸭，深受王府里的人喜爱，尤其是王爷，对其更是倍加赏识。不过这个王爷从来没有给予过厨师任何鼓励，使得厨师整天闷闷不乐。

有一天，王爷有客从远方来，在家设宴招待贵宾，点了数道菜，其中一道是贵宾最喜爱吃的烤鸭，厨师奉命行事。然而，当王爷挟了一条鸭腿给客人后，却找不到另一条鸭腿，他便问身后的厨师说："另一条腿到哪里去了？"

厨师说："禀王爷，我们府里养的鸭子都只有一条腿！"王爷感到诧异，但碍于客人在场，不便问个究竟。

饭后，王爷便跟着厨师到鸭笼去查个究竟。时值夜晚，鸭子正在睡觉。每只鸭子都只露出一条腿。

厨师指着鸭子说："王爷你看，我们府里的鸭子不全都是只有一条腿吗？"

王爷听后，便大力拍掌，吵醒鸭子，鸭子当场被惊醒，都站了起来。

王爷说："鸭子不全是两条腿吗？"

厨师说："对！对！不过，只有拍手鼓掌，才会有两条腿呀！"

身为管理者，要懂得为员工鼓掌，鼓励和奖赏是非常重要的，它能使你的员工感悟到工作的意义，得到尊重感的满足。管理者的鼓励并不要求太多，可以是一句肯定的话、一句真诚的赞美，也可以是一个善意的微笑、一束期待的目光，只要是真诚地发自管理者的内心，员工一定会干劲儿十足。

员工需要精神激励，渴望被认可，当你真诚地表扬和感谢员工的时候，你会发现自己的精神也被鼓舞、被振奋了。而员工则感到受到了领导的欣赏，得到了应该得到的荣誉。

平和有力量，领导金口才必备原则

作为一名领导，因其身份的特殊性，在说话的过程中必须遵循一定的原则，比如：说话要平和而有力量，掷地有声，并且语言要力求生动、丰富，富有知识含量。具体来讲，领导讲话必备原则有如下几点。

一、紧扣目的

坚持话由旨遣的原则，首先要明确当众讲话的目的。目的明确了，你的谈话、你的社交才能够取得良好的效果；目的明确了，你才知道应该准备什么话题和资料，采取何种说话风格，运用哪些技巧，从而做到有的放矢、临场应变。因此，领导在每次说话之前，不妨想一想："我为什么要说？""人家为什么要拥护我？"预想可能产生的效果，并把预期的效果当作目标。

人类的言语交际是一个相当复杂的过程。当领导按照预期目的发出话语信息，因措辞不当或对听众缺乏了解，引起对方的误解或反感时，就要加以控制、调节，换一种说法，使对方易于理解、乐于接受；有时交谈的开始阶段是按原定目的进行的，可是说到中途，因对方及周围情况的反应变化或因兴之所至跑了题，偏离了原定目的时，同样需要讲话者自觉控制，调节说话行为，以便回到原定话题上来。这是实现讲话目的的最优化控制手段。

除以上调换要法之外，常见的言随旨遣的方式还有步步引导、投其所好、将计就计、委婉含蓄等。

二、生动活泼

没有谁会对一成不变、呆板、枯燥的发言保持浓厚的兴趣，领导在当众讲话过程中，一定要注意遣词灵活、生动形象，不断给听者以新颖的刺激，这样才能达到讲话的目的。

三、善于现场调控

古往今来，很多国家的元首都具有极强的现场调控能力。

那么，如何获得调控能力呢？美国前总统林肯曾说过："不论人们如何仇视我，只要他们肯给我一个略说几句的机会，我就可以把他们说服。"这是何等自信！但凡历史上的领袖人物都具有这种强烈的自信意识，很多革命领袖尤其如此。"这个军队具有一往无前的精神，它要压倒一切敌人，而绝不被敌人所屈服。"这种大无畏的英雄气概来自于他们对自己军队的坚定的信任。有了这种坚定的信任才会对自己的观点、对自己的表述目的坚信不疑，表述时才会神态自若、思维敏捷、记忆精确，兴奋与抑制过程才会处于最佳状态，表述才会得心应手、左右逢源，才会毫无做作、真切动人，从而产生极强的感染力和说服力，使表述目的得到最佳实现。

"问渠哪得清如许，为有源头活水来。"许多伟人和名人谈吐睿智、幽默，都是以学识渊博和阅历丰富为基础的。所以，领导想要有好的口才，必须多读书、多储备知识，这样说话时才有材料可供调遣。

总之，广博的知识、丰富的阅历可帮助你在掌握大量材料的基础上当众讲话，听众能从中获取有益的信息，表述者也可以从容不迫，挥洒自如。

四、紧扣听众身份

在当众讲话时，有时听众的身份很复杂，这就要求讲话者具有强烈的对象意识，针对不同的对象和对象的不同情况，采取不同的对策，讲话因人而异，区别对待。日本社会心理学家古烟和孝说得十分中肯："即或是最有效的发送者传播最有效的信息内容，如果不考虑接受者方面的态度及其条件，也不能指望获得最大效果。"

虽然人们的心情很难捕捉，但只要善于透过言语表象与非语言举动，由表及里地探求、洞察听众的需要、目的、心情，就能把握目的，一击中的。洞察、预测对方的心理，只是为最佳说话形式的选择作准备，而绝不是为了将他人的情感秘密一一暴露，因此言语交际的策略应当是察而不扰。可见，掌握了人们内心的变化规律，并对症下药，就能切中要害，一语中的，从而产生良好的讲话效果。

五、端正自己的身份

任何领导者在当众讲话时，都是以自己的物主身份表达思想、传递信息的。要想使讲话达到理想的效果，除了要有对象意识外，还要有自我身份意识，就是说话要得体，言语形式的选择要符合自己的身份，"说自己该说的话"。如与同辈亲友交谈，则以亲切、自然为宜，不宜过于"一本正经"，否则便有疏远之感，甚至引起反感。

当众发言要符合自我角色身份，首先就要做到称谓、口气适合。其次，要注意针对不同环境，选择相应的表达方式，使表达与自身思想情感表达相符。常言说，"言为心声"，一个人用什么身份说话，很容易反映他的思想境界、处世方式和待人接物的态度。如何把握好交谈双方特定的关系而作语言的修饰、调整，以便更好地传情达意，这正是提高说话水平要研究的课题。最后，话虽是说给听众听的，但话说得好不好、能否为听众所接受，还要看发言人是否恰到好处地表达了自己的思想感情，表达是否是自然流露，是否符合自己的身份。

亲和有魅力，好口才造就好团队

大量事实证明，说话的魅力并不在于语言的华丽、讲话的流畅，而在于你是否倾注了感情，表达了真诚。最能推销产品的人并不一定是口若悬河的人，而是善于表达真诚的人。当用得体的话语表达出真诚时，你就赢得了对方的信任，建立了人与人之间的信赖关系，对方就可能由信赖你这个人而喜欢你说的话，进而喜欢你的产品了。

当众讲话也是同样道理。背得很熟，讲得最顺畅的演讲未必是最好的演讲。滔滔不绝、一泻千里的演讲虽然流畅优美，但是如果缺少诚意，那就失去了吸引力，如同一束没有生命力的绢花，虽然美丽但不鲜活动人，缺少魅力。因此，发言者首先应想到的是如何把你的真诚注入讲话之中，如何把自己的心意传递给对方。只有当听者感受到你的诚意时，他才会打开心扉，接收你讲的内容，彼此之间才能实现沟通和共鸣。

正如白居易所说："感人心者，莫先乎情。"说话时既要以理服人，又要以情感人。人是感情动物，语言所负载的信息，除了理性信息外，还有感情信息。这种感情信息，内涵十分丰富。其功能不仅要诉诸人的理智，更要打动人的情感。

大诗人白居易说得好："功成理定何神速，速在推心置人腹。"这里的"推心置腹"就是指话语真诚。所谓真，是指不矫揉造作，不言词虚浮，能够保持说话人的自我本色。所谓诚，就是真心真意，不掩盖，真情流露。

林肯和美国上议院议员道格拉斯是竞选中的对手。他们曾在伊里诺斯州进行过一场轰动美国的著名辩论。在这场辩论中，林肯不仅取得了胜利，而且获得了誉满全美的"诚恳的亚伯"的称号，道格拉斯却被听众戏称为"小伟人"。道格拉斯是个阔佬，他为了推销自己，特地租用漂亮的专列，车后安放一尊大炮，每到一站就鸣30响，配以乐队的喧闹，声势之大，为历史之最。他还口出狂言："要让林肯这个乡下佬闻闻贵族的气味。"林肯则买票乘车，每到一站就登上朋友们为他预先准备好的马拉车。面对道格拉斯的强大挑战，他以退为进，沉着应战。在一次演讲中，他说道："有人问我有多少财产？我有一个妻子，三个儿子，都是无价之宝。此外，还租有一个办公室，室内有办公桌子一张、椅子三把，墙角还有一个大书架，架上的书值得每个人一读。我本人既穷又瘦，脸蛋很长，不会发福。我实在没有什么可依靠的，唯一可依靠的就是你们。"林肯之真诚首先是不讲排场，拉近与选民的距离；其次在内容上，贴近常人之心。谁没有妻室儿女？他却称他们是无价之宝，这是情感认同。租用的办公室家具少，书架大，投合选民们理想中的总统形象：廉洁，勤奋，富有学识。这样的自我介绍，不无幽默，这是形象的心理认同。最后，不把自己当作选民的救星，而把选民当作自己唯一的依靠，予以得体恭维，从而获得选民心理上的亲近认同。通过这些推心置腹的讲话，林肯获得了选民的普遍认同，从而一举获胜。

此外，还要注意的是要在话语交际过程中，使对方感受到情感的真实，说话人的话语一定要受到发自内心的充沛的情感支配。作家王潜先生论所谓"零度风格"时告诫我们："说话人装着对自己所说的话毫无情感，把自己隐藏在幕后，也不理睬听众是谁，不偏不倚、不痛不痒地背诵一些冷冰冰的条条儿，玩弄一些抽象概念，或是罗列一些干巴巴的事实，没有一丝丝的人情味，这只能是掠过空中的一种不明来历去向的声响，所谓'耳边风'，怎能叫人发生兴趣并感动人、说服人呢？"有人说得好："只有被感情支配的人才最能使人相信他的情感是真实的，因为人们都具有同样的天然倾向，唯有最真实的生气或忧愁的人，才能激起人们的愤怒和忧郁。"

正当希腊面临马其顿王国的入侵，恐有遭受亡国和失去自由的危机时刻，希腊著名演说家德摩斯梯尼曾经做过一次著名的演说，他的每一句话、每一个词语都充满着发自内心的极为丰富的爱国主义情感。他热情洋溢地说："即使所有民族同意忍受奴役，就在那个时候，我们也应当为自由而战斗。"从这洋溢着爱国热情的词句中，人们看到了一颗真挚的拳拳之心，因而他的演讲激励了无数的希腊人从聆听演说的广场直接奔赴战场，连向家人道一声别也认为是耗费了时光。他们的敌人，马其顿的国王腓力见到这篇演说词，也不由感慨地说："如果我自己听过德摩斯梯尼的演说，连我也要投票赞成他当我的反对者领袖。""感人心者，莫先乎情。"能让对手击节赞叹，这其中蕴含了多么真挚、奔涌的情感，这炙热的爱国主义情感从心底的火山喷发，从而产生了惊天动地的力量！

审时度势，领导讲话善用背景情境

背景情境，是指社会场合，包括时间、地点、场合、气氛、事件背景、人事关系等。文化环境，指一个民族在自己的历史发展中形成的独特的风格与传统。讲话时要善于运用这种社会大环境。

还有一些虽然不属于大的社会环境，诸如地点、实物，但它们一旦附属于某种社会力量所能施加影响的范围时，它就成了社会环境。例如，在国家级的外交谈判中，地点的选择是一个很敏感的问题，通常的处理方法是在谈判双方的领土上轮换举行，或者选择第三国作为谈判地点。为什么这个问题会成为一个重要而敏感的问题？人们都有这样的体会，在朋友家里说话，总有一种客人心态，说话也总是显得拘谨一些，可在自己家里接待朋友，就无拘无束了。这种主人心态，自然形成了一种优势，人们把它叫作"居家优势"。

以上是小地点形成社会大环境，有时地点的改变也可形成不同的小环境，从而有利于解决不同的问题，发表有针对性的讲话。例如，有些领导者发现问题，往往请下属到自己办公室谈话。办公室是上级办公的地方，下属来到这里，很容易联想到上下级关系，于是便产生了一种"必须服从"的心态。这样，本来是对等的谈话，因为地点这一特殊社会环境的参与，就使对等的双方变成主动与被动的两方，主动一方便有一种"居高临下"的势头（当然这只是一种心理差异，绝不是"以势压人"）。以此类推，如果顾客与营业员发生纠纷，经理应巧妙地把顾客诱导进自己势力所能影响的范围——经理办公室。这样既可以避免事态的扩大，也可以使这位顾客与围观者隔绝，避免接受人群中一些不良信息而增强其不满情绪。所以，经理办公室实际上成了一个有利于处理问题的小社会环境。反之，如果为了加强联络，增进信任和友谊，领导人员则应走出"领导效应区"，到职工宿舍、食堂、俱乐部等地方去，便于放开话题，无拘无束。这类非语言因素，有时正像看不见的磁场，有着极其强大的特殊效应。

由此可见，利用合适的社会背景发表讲话，可明显提高说话效果，这就要求我们要有敏锐的思维和具有穿透力的眼光，去洞悉社会大背景，并善于利用眼前的实物、身处的地点，营造有利于自己当众讲话的环境。

领导讲话时也要注意对何时何地等自然情景的运用。自然情景语境专指交际的时间、地点、场合。何时，小言之是指年月，大言之是指时代；何地，小言之是指大庭广众、居家密室，大言之是指城镇、乡村、野外；具体场景则指由一定的时空因素以及交际情景有机组合而成的言语交际场合。例如，人家办喜事，你不能谈令人丧气的话题；人家悲痛时，应忌谈逗乐的话题；大庭广众中演讲、报告，应谈与主题有关的话。

讲话总是在一定的时间、空间进行的，时令、地理环境、自然景物往往因人的主观感受之不同而附上不同的情绪色彩。若能结合自然情景来组织话语，往往会收到出其不意的效果。

领导讲话还必须注意言语行为的特定场合。不同的交际场合有不同的言语表达，不可将言语表达的基本原则变成僵死的程式。人，总是在一定时间、一定地点、一定条件下讲话，在不同场合，面对着不同的人、不同的事，从不同的目的出发，就应该说不同的话，并用不同的方式说话，这样才能收到理想的讲话效果。

在特定场合讲话可利用以下几种技巧和原则，以达到理想的当众讲话的效果。

有时候某些场合的变化是出人意料的，如果应对不好，会使自己陷于某种困境。这就要求说话者必须善于变换切入角度，灵活地应对和驾驭各种局面和场合。

里根就任美国总统后，第一次出访加拿大，时值加拿大正举行反美示威游行。一次，里根总统的演说被反美示威游行的人群打断。只见里根总统面带笑容对陪同的加拿大总理特鲁多说："这种事情在美国时有发生，我想这些人一定是特意从美国来到贵国的，他们是想使我有一种宾至如归的感觉。"双眉紧锁的特鲁多眉开眼笑了。里根自己高超的说话水平，故作曲解、否解，既解了主人的窘迫，又体现了一位大国总统的胸襟与气度。

利用情境的微妙关系，言此意彼，使双方心领神会，从而实现交际目的，这也是领导者讲话常用的技巧。

"二战"期间，英国首相丘吉尔到华盛顿会见美国总统罗斯福，要求同美国共同抗击德国法西斯，并给予物质援助。丘吉尔受到热情接待，被安排住进白宫。一天早晨，丘吉尔正躺在浴盆里抽着他最爱抽的特大号雪茄。突然，美国总统罗斯福推门进来，丘吉尔大腹便便，肚子露出水面，这两个世界大国的领导人在此刻会面，确实非常尴尬。而丘吉尔扔掉烟头，利用这种特殊的情境以幽默的口吻说："总统先生，我这个英国首相在您面前可真没有一点隐瞒。"说完，两人哈哈大笑。

丘吉尔正是用言此意彼的手法，既解除了当时的窘态，又借此向罗斯福袒露联合抗击德国法西斯的诚意，增进了会谈时双方的相互了解与信任，促进了这次谈判的成功。

人们说话多数时候都带有明显的目的性，如说服、劝解、抚慰、交心、解释等。作为一名领导说话更具分量。因此，很多领导者在说话前都是经过深思熟虑的。为了达到说话目的，他们常用的有效手段就是以情理服人。

古人讲，精诚所至，金石为开。在人际交往中，人们彼此的情感是相互作用与相互影响的，只有情相通、心相近，所说的话才能在对方的心灵上产生共鸣，发挥作用。因此要向对方说理，必须先了解对方的心理与情感需求，站在对方的角度考虑，与对方在思想感情上接近、沟通，才能产生"自己人效应"，说理才能奏效。

当然，以情说理，重要的是找准对方情感上的"突破口"。先前纵横家的鼻祖鬼谷子曾经说过："仁人轻货（财物），不可诱以利，可使出费；勇士轻难，不可惧以患，可使拒危；智者达（知晓）于数明于理，不可欺以诚，可示之以道理，可使立功。"就是说要抓住对方心理与情感上最易打动人之处，将"情理"和对方的个性、处境、心思等因素紧密相连，申明利害，满足其最高情感价值的需求，使之心动。而且在说理过程中，还要善于适应对方情绪思路的变化，因势利导，如顺着对方具有的种种疑虑，层层排除之；顺着其合理的见解，适时赞许之；根据其两难的处境谋划协助之；根据他憎恶的地方献策对付之。这种揣摩情意的说理方法通常能够取得很好的效果。

开口有度，领导讲话不触别人的痛点

我们在和别人交谈的时候还应当注意到每个人身上也都有几片"逆鳞"存在，唯有小心观察，不触及对方的"逆鳞"，也就是我们所说的"痛处"，才能保持圆融的人际关系。身为领导者，在讲话时尤其应该注意，因为很可能因一句无意的话而给别人带来很深的积怨。

英国作家托马斯·富勒曾经写道："失足引起的伤痛很快就可以恢复，然而失言所导致的严重后果，却可能使你终生遗憾。"

　　一个领导若想在上司、同事间建立良好的人际关系，一定要记住：保持适当距离，做事公私分明，尤其要注意言谈之间不要说到别人的痛处。

　　被击中痛处，对任何人来说都是件不愉快的事。不管在什么情况下，不去触碰别人的痛处，不但是待人处事应有的礼仪，更是在都市丛林中左右逢源的关键。

　　有修养的人即使在盛怒之下，也不会扩散愤怒的波纹。但是涵养不够的人，其一旦被激怒，往往就会面露凶貌，口出恶言，甚至随手拿起手边的东西往地上摔。某些人暴跳如雷的时候，常常口不择言，用侮辱性的语言攻击别人最敏感的隐私，这是相当不明智的行为。

　　一旦你攻击他人的痛处，修养好的人虽不至于当场发作，与你破口对骂，但心中的疙瘩和怨恨往往难以抹平，如果不幸他是你的上司或客户的话，你就会变成被"封杀"的对象。

　　在公司里，"封杀"意味着调职、冷冻、开除。如果你是公司负责人，"封杀"就代表对方拒绝继续与你往来，或是冻结彼此的关系。

　　中国古代有所谓"逆鳞"的说法，强调即使面对温驯的蛟龙，也不可掉以轻心。

传说中，龙的咽喉下方约一尺的部位，长着几片"逆鳞"，全身只有这个部位是逆向生长的，万一不小心触摸到这些逆鳞，必定会被暴怒的龙所吞噬。

至于龙的其他部位，不论你如何抚摸或敲打都没关系，只有这几片逆鳞，无论如何也触摸不得，即使轻轻摸一下也犯了大忌。

在我们的周围，有些人喜欢抬杠，只要和别人一搭上话就针锋相对，无论别人说什么，他总要加以反驳。这类人深招别人厌烦，其中不乏某些自居自大的领导者。

即使你真的比别人见识多，也不应该以这种态度去和别人说话。这种不良习惯使你自绝于朋友和同事，没有人愿意给你提意见或建议，更不敢向你提一点忠告。你或许本来是一个很好的人，但不幸染上了这种习惯，朋友、同事们会渐渐离你而去了。唯一改善的方法是养成尊重别人的习惯。首先你要明白，你的意见未必就一定是正确的，而别人的意见也未必就是错的。把双方的意见综合起来，你至多有一半是对的。那么，你为什么每次都要反驳别人呢？

有的人和你谈话，他根本没有准备请你说教，大家说说笑笑罢了。你若硬作聪明，非要拿出更高超的见解（即使确是高超的见解），对方也绝不会乐意接受的。因此，身为领导者讲话时不可随时显出要教训别人的神气。

当你的下属向你提出建议时，你若不能立刻表示赞同，但起码表示可以考虑，不可马上反驳。如果别人真的犯了错误，而又不肯接受批评或劝告，你也不要急于求成，不妨往后退一步，把时间延长一些，隔几天再谈，否则，大家固执己见不但不能解决问题，反而伤害了感情。因此，领导者在讲话时要随时考虑别人的意见，切勿固执己见，唯有这样才能获得人们的赞赏和喜爱。

鼓舞斗志，用言语激活团队的能量因子

在实际工作中，有些领导往往只看到了那些少数成功的下属，于是，便毫不吝啬地将自己所能想到的溢美之词全部赠送给他们。但是，对于大多数也曾经辛勤的"失败者"，往往未

加以重视，甚至忽略了他们的存在。

这样久而久之，曾经失败过的员工也许就丧失了自信，没了斗志。如果你能适时鼓励一下或者表扬一下，他们肯定会重新恢复自信，找回自我。

古往今来，胜者为王，败者为寇，似乎成了亘古不变的真理。其实，这种所谓的"真理"往往是人们自身铸就的。成功者，是因为他们付出的汗水和心血比别人要多，因此，他们理应得到鲜花和掌声，这无可非议。但是，那些失败落魄之人呢？他们一样也曾为了某个目标而艰辛地跋涉。他们付出的并不比别人少，甚至比成功者还要多。但因为这样或那样不可预知的原因，屡屡与成功失之交臂，那么他们的付出，该不该得到回报呢？

1945年9月2日，第二次世界大战即将拉下帷幕，在这一天，最后一个轴心国——日本将要签署投降条约。

在太平洋上的美军"密苏里号"战舰上，人们翘首以待，都想目睹这一历史性的时刻。

上午9时，盟军最高司令官道格拉斯·麦克阿瑟将军出现在甲板上，预示着这个令全世界为之瞩目和激动的伟大时刻即将到来。随后，日方代表登上军舰，仪式开始了。

就在麦克阿瑟将军即将代表盟军在投降书上签字时，他却突然停止了。现场数百名的记者和摄影师对此大惑不解。他们谁也不知道麦克阿瑟将军想要干什么。只见麦克阿瑟将军转过身，招呼陆军少将乔纳森·温斯特和陆军中校亚瑟·帕西瓦尔，请他们走过来站在自己的身后。

麦克阿瑟将军的这个举动再次让现场的人们既惊讶又嫉妒。因为那两名军官占据着的是历史镜头前最显要的位置。一般来说，如此显要的位置应该属于那些战功显赫的常胜将军才对，而现在，这个巨大的荣誉却分配给了两个在战争初期就当了俘虏的人。

1942年，温斯特在菲律宾、帕西瓦尔在新加坡率部下向日军投降。两人都是刚从战俘营里获释，然后乘飞机匆匆赶来的。

后来，人们明白了麦克阿瑟将军的良苦用心。这两个人都是在率部下苦战之后，因寡不敌众，又无援兵，并且在接受上级旨意的情况下，为了避免更多人的牺牲，才率部下忍辱负重放弃抵抗的。从他们瘦得像两株生病的竹子似的身体和憔悴的面容、恍惚的神情中可以看出，他们在战俘营受尽了精神上和肉体上的残酷折磨。

虽然说战争胜利结束了，但作为败军之将的温斯特和帕西瓦尔同样也是英雄，他们为这场战争的最后胜利同样作出了贡献。

在麦克阿瑟将军的眼里，似乎让他们站在自己身后还不够，他做出了更惊人的举动，他将签署英、日两种文本投降书所用的五支笔中的两支，分别送给了温斯特和帕西瓦尔。

麦克阿瑟用这种特殊的方式，向两位尽职的失败者表示尊敬和理解；向他们为保全同胞的生命而作出的个人名望的巨大牺牲和所受的苦难表示感谢。

要想成为一名出色的管理者，不能只重视那些圆满完成任务的人。你还要认真对待那些已经尽力甚至作出了巨大牺牲但出于其他无法克服的原因而未能完成任务的下属。一次失败可能使他们丧失自信、没了斗志，如果你能适时地鼓励或者表扬他们一下，让他们明白自己的心血没有白费，他们肯定会重新恢复自信、找回自我。那么，下一次他们很有可能就不再是失败者，而是成功者。

第二章

领导讲话之绝对影响力
——走心、服众、执行

领导是团体的灵魂，是单位的骨干，是企业的精英。领导是激励手下的核心人物，也是决定企业胜败的关键人物，其特殊位置决定了领导必须具有较高的技能与素质。而在这些综合素质中，口才是重中之重。领导者的口才是否具备绝对影响力，主要看其说话产生的效果，只有把话说到员工心里，员工才会心甘情愿地去执行。

把握说话的节奏，说出领导影响力

　　说话不仅可以表现一个领导的内在形象，更可以体现出一个领导的内在修养。有些讲话磕磕绊绊没有任何节奏感的领导，即使身处领导之位，其话语也很少能够打动人心。事实证明，一个深谙讲话之道的领导者，必是懂得把握说话节奏、思路清晰活跃的人。

　　掌握好说话的节奏，其最高境界是说话自然、流利。当然，恰当的停顿不属于不流利，因为我们经常利用停顿展开新的思路，或者从一个要点过渡到另一个要点，或者重复某个词以期给听众留下更深一层的印象。然而，磕绊的次数是可以数出来的，这也是熬过听那些令人生厌的讲话的有趣方法。大多无味的讲话都会磕绊。在你自己的讲话中，请别人统计一下，你发生磕绊的次数，具有很大的实际价值。

　　很少有人能够在即兴讲话中不出现磕绊的情况。我们发现有的领导讲话时出现这种情况最多达到每分钟30处，有的教授也有20处之多。

那么，如何提高说话的流利水平呢？

一、充分熟悉讲话的主题

当我们的思考不发生任何迟疑的情况时，要说的话自然就到了嘴边。充分的准备可以增加流利程度，因为这能增加领导者自身的自信心，从而更能坚信自己要讲的东西。另外，熟悉主题会使讲话的领导者具有更大的激情，这样，说话就流利了。

二、发音要尽量标准

排除不同地区的方言习惯，我们提倡讲普通话。有时候，发音含糊不清被看作是说话犹豫的一种表现。如果一个领导者在讲话的时候连续几个地方都有迟疑不决的现象，就会使人感到他其实并不知道自己在讲什么，而是在头脑中试图发现哪儿出了毛病，结果导致说话更加不流利。因此，如果我们有意识地在流利方面作出一些努力，会收到很好的成效；反之，如果我们在演说的其他方面下功夫，而认为到时候自然会流利起来，那结果将只有失望。

三、始终充满热情

我们注意到，当人们激动时讲话的声调往往会变高，语速会变快，此时，语言似乎更加流利。所以，领导在当众讲话时，要尽可能用你的热情感染他人，要大声讲话。如果你的情绪已经紊乱，或是如果你站在听众前面怕得发抖，你更要特别地大声讲话。

四、用迅速讲话提高流利程度

当你迅速讲话时，你的心理便能更快地发挥功能，就像阅读一样，如果你能集中力量快速阅读，那么在你只用于读一本书的时间内，你能读两本书，并且获得更透彻的理解。作为领导者务必要掌握好说话的节奏，使你的讲话像琴弦一样富有张力，像流水一样直入心田。这样，身为领导的你说出的话才更易被人接受，更容易被人信服。

不浮夸，领导说话重在恰到好处

中国是个讲究中庸的国家，一切都力求做到恰到好处，过与不及都不被提倡。现实生活中，很多领导都乐于听那些吹捧的言语，也有的领导喜欢向别人吹嘘，诸如企业的业绩翻多少番，年创利润多少万。有的时候，说者无心听者有意，领导过分地炫耀业绩很容易给人造成不好的印象。因此，领导与人沟通，一定要把话说得恰到好处。

下面我们就从几个方面来简要谈一下，如何恰到好处地说话。

一、将对话作为交际的基础

有对话才有交流，有交流才能产生情感。一次成功的交谈应像一场接力赛，每个人都是接力集体的一员，既要接好棒，也要交好棒，棒在自己手上时，要尽心尽力跑好，棒在他人手上时，不妨为之加油、为之喝彩。如果领导者把交谈变成一个人的独白，尽管你讲得眉飞色舞、口干舌燥，也没有人心甘情愿地为你鼓掌喝彩。所以，作为领导者即使你再怎么能说都不要扮演"一言堂"的角色。

二、妥善处理交谈中的分歧

人与人的交谈中，由于每个人的经历、阅历不同，对事物的认识和看法也不尽一致，观点的分歧、碰撞、交锋都是不可避免的。这本是很正常的现象，但有些领导就是不愿意听别人给自己提意见，一听到对方提出不同的意见，就急迫地插话或打断他人的话，欲把自己的观点强加于人，这样必然给人留下狭隘、偏激的印象。明智的做法应该是体现出身为领导者的大度和宽容来，对不同的声音不要盲目排斥，一旦观点与你不一致，你可以耐心地沟通、说服或妥协，也可以求同存异。集思广益、取长补短，才是领导者既长智慧，又得人心的做法。

三、切忌只顾表现自己

在交谈过程中，每个人都有表现欲，同时也有被发现、被承认、被赞赏的内在心理需求。如果一个领导者为了体现自己的权威，在说话时只顾自身的感受，只热衷于表现自己，而轻视他人的表现，对他人的一切都表现出不屑一顾的态度，势必会给别人造成自吹自擂、自以为是的不良印象。

从以上三个方面的叙述，我们可以看出，领导讲话如果能注意恰到好处对说话的巨大影响，就会避免"一言堂"的现象，就不会妨碍与他人继续交往。

古人云："山不在高，有仙则名；水不在深，有龙则灵。"说话也是如此，领导讲话一定要记住这一点：话不在多，点到就行。在生活节奏紧张、快速的现代社会中，没有人愿意花费大量的时间去听你的长篇大论。这就要求你在谈话时要做到言简意赅、一针见血。

乔治是美国加利福尼亚州的大亨，资产逾10亿美元。某年他与商业伙伴戴维从加州飞往中国某大城市，准备投资建厂，寻找合作伙伴。三天后，乔治坐到了谈判桌前，谈判对象是我国某大型企业的领导。这位领导精明能干，通晓市场行情，令乔治颇为欣赏。听了这位领导对合资企业的宏伟设想后，乔治感到似乎已看到了合资企业的光辉前景。正准备签约时，忽听这位领导颇为自豪地侃侃而谈道："我们企业拥有2000多名职工，去年共创利税700多万元，实力绝对雄厚……"

听到这儿，乔治暗暗地掐指一算：700多万元人民币折成美元是90余万，2000多人一年才赚这么点儿钱？而且，这位领导居然还十分自豪和满意。这令乔治非常失望，离自己预定的利润目标差距太大了！乔治想，如果让这位领导经营的话，是很难有较高的经济效益和利益的，于是他决定立即终止合作谈判。

试想一下，假若那位领导不说那些沾沾自喜的话，谈判也许会以另一种结局而告终。那些不着边际、画蛇添足的话，不仅暴露出了他自身的弱点，也令外商失去了合作的信心。

　　在生活中我们经常看到，有的领导习惯于喋喋不休、滔滔不绝地高谈阔论而又词不达意，让人听而生厌；还有的领导喜欢夸大其词，侃侃而谈，说话不留余地，又没有分寸。这样都容易使讲话者自毁形象。

　　因此，领导者在开口之前，应先让舌头在嘴里转十个圈。把多余的废话"转掉"，准备一些简单明了的话，一开口就把话说到点子上。正所谓："领导一语士气起，众人齐心才合力。"

不讲多余话，领导讲话要有针对性

　　古人云："言为心声。"一个领导者说话水平的高低，主要取决于其思想水平、文化修养、道德情操，但讲究语言的艺术同样十分重要。同一种思想，从不同的领导者嘴里说出，往往会收到不同的效果。

　　良好的谈吐有助于领导者事业成功，蹩脚的谈吐则令领导者障碍重重。在日常生活中，领导者的讲话方式也是多种多样的，有口若悬河的，有期期艾艾、不知所云的，有谈吐隽永的，有语言干瘪、意兴阑珊的，有唇枪舌剑的……领导的口才能力有大小之分，说话的效果也天差地别。因此，身为领导，要想在说话上成为高手，达到"到什么山上唱什么歌"的境界，就必须把握其中的奥秘。

一个领导者的话能否被别人所接受，取决于他的可信度，而要提高可信度，不仅在形象上要做到衣饰恰当，举止大方，谈吐得体，眼神专注，表情沉稳，还要会观察对方。

不同的人接受他人意见的方式和敏感度都是不同的，因此领导者讲话时要具有针对性。一般来说，文化水平较高的人不屑听肤浅、通俗的话，对他们应多用抽象的推理；文化层次较低的人听不懂高深的理论，对他们应多举明显的事例；对于刚愎自用的人不宜循循善诱，可以激他；对于喜欢夸大的人不必表里如一，不妨诱导；对于生性沉默的人要多挑动他发火；对于脾气急躁的人用语要简明快捷；对于思想顽固的人要看准他的兴趣点，进行转化；对于情绪不正常的人，要让他恢复正常后再谈。换言之，领导在讲话时只有知己知彼，才能对症下药，才能收到最好的讲话效果。

古语说："凡事预则立，不预则废。"所以，领导在说话前有必要对下列问题仔细地考虑：你要对谁讲，将要讲什么，为什么要讲这些内容，怎么讲，有什么有利因素和不利因素，一旦出现特殊情况你该怎样处理，等等。

下达任务讲方法，多提建议多协商

身为领导对部下下达任务、发号施令，这是很自然的事情。那么，怎样下达命令才会使工作计划得到彻底的实施呢？怎样才能使部下积极、主动、出色、创造性地完成工作呢？重点在于下达命令的方式上。没有人会喜欢命令的口气和高高在上的架势。多建议、多协商，不仅能使部下维持自己的人格尊严，而且能使部下积极主动、创造性地完成工作。这时候，即使领导指出了部下工作中的不足，部下也会乐于接受和改正。

说到命令，人们可能会想到军事指挥中"军令如山"的理念，并认同其高效率。于是就认为以命令方式去指挥下属就能获得最高效率，但在实际生活中却不尽如此。

日本松下公司前总裁松下幸之助说："不论是企业还是团体的领导者，要使属下高高兴兴、自动自发地做事，我认为最重要的，是在用人和被用人之间，建立双向的，也就是精神与精神、心与心的契合和沟通。"他看到了领导与下属沟通的重要性，因而在实际工作中身体力行，终于取得了成功。要达成领导与下属心与心的契合和沟通，关键就在于和下属一起交流、商量。

一些领导人在下达命令时颐指气使，有事就大嗓门地命令下属去干。他们认为这样做能产生最佳效果，命令别人去干事的时候也不看人家的意见如何，反正一句话："做了再说！"一般来说，这样的领导比较有能力，在下达命令之前是经过一番深思熟虑的。如果久而久之，下属对领导产生了信任，就会什么都不问，照领导说的去做，这样反倒让下属失去了积极性和创造性，成为一台只会办事的机器。而有些下属呢，面对领导铺天盖地的命令，连问一句为什么的机会都没有，自己想不通当然就不愿去做了。不愿做的事要被迫去做是很难做好的。

要吩咐下属去办一件事，命令的方式是不可少的，特别是在情况紧急时，一分一秒都是宝贵的，没有时间详细解释。但更多的时候，最好还是以商量的方式传达指令。

如果采用商量的方式，下属就会把心中的想法讲出来，领导若认为说得有道理，就不妨说："我明白了，你说得很有道理，关于这一点，你看这样行不行？"诸如此类，领导可以用这种方式吸收下属的想法和建议，进而推进工作。这让下属觉得既然自己的意见被采用，就一定要把这件事当作自己的事认真去执行；同时由于不是被动做事，自然也会产生良好的工作效果。

另外，领导要下属去干一件事时，也可以给下属指出一个美好的前景，他们便会欣然去做。

所以在实际工作的安排中，领导应该做到如下几点：

一、忌凭自己的权力压制他人。

二、要仔细聆听下属的意见。

三、若同意对方的意见，就可以加以说明："我也是这样想的。"这样会使下属为自己的决策而感到骄傲。

四、如果不同意下属意见，必须向其说明理由，否则即使上级把命令下达了，下属还会我行我素。

缓和说话的语气，不强制员工才肯听

权力在手是一件好事，同时对下属发布命令也是一种满足，但领导者一定要把握好分寸，根据不同的对象，行使好自己手中的权力。

试想，如果下属听到"不用多问，这是命令""上级就是这样指示的，照着做就可以了"之类的话，心里会怎样想呢？这样能让他心甘情愿地去做事吗？

像这种不顾实际情况，不管下属的感受，只管发布强制式命令的做法，身为领导者应该尽可能地避免。因为这样布置工作，只会引起下属的反抗心理，而不会收到预期的效果。

李先生经营着一家有五六百名员工的企业。不管是在业务上还是在管理上，李先生的努力都有相当的成效，他运筹帷幄，指挥若定，威风八面。

可是，他就是对自己的儿子没办法，他们之间的代沟怎么也无法跨越，每次一见面，没讲三句话，父子俩就会争吵。这天，李先生又和他的儿子因为一点小事吵了起来。就在双方面红耳赤之际，他儿子突然间就住了口，然后一字一字地说："爸，再这样吵下去也不是办法，我能不能请你把我刚刚说的那句话说一遍给我听？"

"啊？"李先生一惊，没想到儿子有这怪招。"你说……你说……做父亲的太能干，当然看不起儿子。"

"不对！你再想想看，我是这么说的吗？"

"浑小子！那你怎么说的？你自己说过的话，你自己为什么不再说一次？"

儿子突然笑出声："你看！从头到尾，我说什么你都没有听，那些话是你自己想的，我可没这么说。我们不是要沟通吗？那么，我说什么，你重复一次给我听，再轮到你说，我来重复。"

"喂！哪有那么多时间在那边重复来重复去！你是真的想气死我啊！"

"爸！我们就试试看吧！否则这种争吵会没完没了的。你再想一想我到底是怎么说的？"李先生想了想，终于承认："我真的想不起来，你再说一次好了。"

"好吧！我说的是：'父亲很能干，儿子一方面很佩服，一方面怕自己跟不上，心里多少有点压力。'"

李先生冷静一想，儿子说得合情合理，自己怎么会那么激动？结果，这天晚上，他们父子俩竟然可以谈上两个小时而不吵架，这个效果连李先生也没想到。一觉醒来，虽然睡眠不足，但李先生神清气爽，一大早就到了公司。因为早上要开一个重要的采购会议，讨论的是未来所要采购的价值1000万元的机器，到底是用美国货好，还是用日本货好。依采购部的报价，日本货的价格便宜，东西也不差，可是工程师却主张买美国货。

会议上，李先生让总工程师发表意见。这是一种表面上的礼貌。总工程师也知道，做老板时间长的人，多少喜欢独断独行，什么事情早就心有定见，以往的经验告诉他，老板问他只是个形式，谁不想省钱？老板要买哪一种大家早就心知肚明，因此他无精打采，说不到五分钟就说没意见了。

若是往常，李老板总是会在这个时候大唱独角戏，享受那种权威感，今天竟然郑重说道：

"总工程师，我来重复你的要点，你看我说的跟你的意思是否一样：日本制的机器，价格虽然便宜，东西也不错，可是将来如果出了毛病，要他们来做售后服务，问题就来了。他们的人因为语言问题无法跟我们直接沟通，找来的翻译对精密仪器又是外行，机器坏在哪里，我们无法充分了解，下次再发生同样的问题，还是要请他们的人来，说不定还会耽误生产时间，如此算下来，还是买美国货比较便宜！"

随着李老板的重复说明，总工程师的眼睛渐渐亮了起来，他打起精神，再次补充。就这么你一言我一语的，大家滔滔不绝地讨论了起来……

一个优秀的领导，绝对不会依靠命令来进行管理。作为一个领导，当你的下属不按你的要求去做事的时候，应该找他沟通，而不是以上压下，更不可有任何威胁的语言或举动。如果这样做，即使不是用强制的态度，也足以说明你对下属的不信任。既然这样，下属又为什么要效忠你呢？他们纷纷离职，也许正因为领导者自身的原因。

善于培养职员的领导常常给职员明确的指示和命令，让他们在发挥自己的才干中逐渐成长。因此，一定要善于指导职员如何正确接受命令。领导下命令时语言要简练、准确，不需要形容和描绘；要使用专业术语，概念要清楚，尽可能排除误解；要有可操作性；要保证传达渠道畅通无误。

例如，要求职员清洁地毯，要讲明是清洗还是吸尘，而且要说明范围和标准。另外，"请大家努力提高认识，加大力度"这种语言尽量不要出现，因为这句话几乎无标准，也无准确的概念。

从员工方面来说，如果想很好地接受上级的命令，必须注意：在接受上司命令时，要准备好一个笔记本，随时简明扼要地作记录，如有问题要等上司说完之后再提问题；提问题要谦虚，根据实际情况提出问题，希望上司对自己提出的问题给予重视；执行命令时要作好准备，抓住时机，执行过程中要多汇报，多和同事及上司商量，最后要认真总结并写出报告。

对领导来说，对下属下达的命令要有时间性。《差距》一书中说"时间是命令的生命"。它举了一个例子：土地肥沃的巴格达人与印度人都可以在自己高兴的时节播下稻种，但泰国人由于气候的关系没有一个适当的时节，而必须制定周密的计划好好地进行。由于台风会来袭，所以收割的时期也要先决定好，如果迟了，长期的辛劳就会付诸流水。于是，他们就要拟定由届期倒算的周密计划。这就是命令的时间性。

　　有的公司里老板与部下过于客气，用一种"麻烦你给我做这个"的拜托方法。部下虽然说"好"，但过了很久的时间仍没有做。这样的例子很多。因此，老板在下达任务时，缓和语气也要恰到好处。同时，老板需要注意地是对下属要做的工作规定明确的时间，并加以核对。一旦有过这种训练，目标与实绩就可相互对照，工作才会更有效率。

第三章

一开口就抓住人心
——好领导都是会讲故事的人

道理只能赢得辩论，故事却可赢得人心。事实证明，说好一个故事永远胜过讲一个道理。讲好一个故事，用温情触及对方内心深处的柔软所在。当然，说故事并非一个人与生俱来的天赋，而是可以学习和逐步提高的思维模式。作为一名领导者，只有将故事思维运用到管理工作中，才可轻松抓住人心，进而迅速掌控全局。

关注共同利益，领导讲话的故事思维

亚里士多德说："我们无法通过智力去影响别人，情感却能做到这一点。"几乎所有人都讨厌空洞的大道理，都想直接听到重点。事实证明：会讲道理不如会讲故事，任何一个企业都需要一个会讲故事的人，而这个人首先应该是其领导者。

每个人都不可避免地要和陌生人交友或打交道，尤其是企业领导，在做生意的过程中，如果让对方知道你和他有着共同的利益，双方必须结成利益同盟，才能取得共同的利益，这样一来事情就好办多了。

交友办事，如果你能让对方觉得他与你有相同的利益，对方办事就会更主动，就会收到更好的效果。这就好比战场上同一个战壕的战友一样，战友之间有着相同的利益，共生死同存亡，每一个人都要勇敢地去战斗，才能取得共同的胜利。做事业、做生意也是如此，生意的双方在沟通与合作上，只要让对方感觉到你与他有相同的利益关系，往往可以迅速地拉近彼此间的距离，使对方努力去做。这一技巧如果应用得好，往往会获得意想不到的好效果。

一、找到你和他人之间的利益共同点

有一家工厂效益不是太好，工人们的工资很低。当工人们要求增加工资时，老板就对他们说："各位，你们希望公司倒闭吗？"当然没人希望自己的工厂倒闭，如果倒闭了，就会失业，连眼前的低工资都拿不到了。

老板继续说："如果工厂倒闭了，大家一分钱工资也拿不到了，我也不希望工厂倒闭。我与你们有着共同的利益，工厂倒闭对你我都没有好处。只有我们团结一致，共同渡过难关，把工厂办好了，大家才会有饭吃。"

工人们听了老板的话，感觉到老板与自己有着共同的利益关系，觉得工厂办好了，老板发财了，自己的工资就会提高。于是大家齐心协力，个个努力工作，果真把工厂搞得有声有色，老板和工人们都实现了自己的愿望。

上述事例中的老板就是一个很会讲故事的人，他将事情的利害关系通过一个假想的故事传达给工人，从而轻松说服了工人。只要让对方感觉到你与他的利益是一致的，对方就会主动去帮助你，为你提供支持。

二、让对方看到好处

再倔强的人只要有利可图，也会禁不住利益的诱惑而上钩。要想达到自己的目的，就必须刺激对方的欲望，让对方知道，只要能办成事，他就能够得到回报、得到好处，并不时给些甜头，让人相信你所说的并非空话。

当你与别人谈生意、谈合作时，如果让对方看不到好处，对方自然不会去干，你说一百句动听的话，还不如让对方得到一点实实在在的好处。

好处是合作的天平。让双方知道合作后会得到好处，会得到回报，让对方觉得与你合作值得，那么，你就能轻松地达成自己的目的了。

抓住开场3秒钟，几句话说到人心里

身为领导者，总不可避免地要与陌生人打交道。这些陌生人包括生意上可能达成合作的客户，也可能是颇具竞争力的同行。良好的谈话是打破陌生感的关键。那么，领导者在与陌生人初次见面时，应该如何把握交谈原则呢？心理学表明，如果能够找到和他人的共同点，就可以在短短3秒内打破初次见面时互相不熟悉且心存戒备的窘境。

一个优秀的领导者总能在与人初次见面时就吸引对方眼球，把话说到对方的心里，从而为进一步的交流起个良好的开端。具体来说，应该做到如下几点。

一、察言观色，寻找共同点

一个人的心理状态、精神追求、生活爱好等，都或多或少地要在他们的表情、服饰、谈吐、举止等方面有所表现，只要你善于观察，就会发现你们的共同点。

我们来看下面这个故事：

有一个企业的领导乘车时同一个陌生人相遇，位置正好在驾驶员后面。汽车上路后不久就抛锚了，驾驶员车上车下忙了一通还没有修好。这位陌生人建议驾驶员把油路再查一遍，驾驶员将信将疑地去查了一遍果然找到了病因。这位领导者感到陌生人的这个绝活可能是从部队学来的。于是试探道："你在部队待过吧？""嗯，待了六七年。""哦，算来咱俩还应算是战友呢。你当兵时部队在哪里？"……于是两人很快攀谈了起来，后来成了不错的朋友。

这位领导就是在观察对方以后，发现了"都当过兵"这个共同点。当然，这些察言观色发现的东西，还要同自己的情趣爱好相结合，自己对此也有兴趣，才有可能打破沉寂的气氛；否则，即使发现了共同点，也还是无话可讲，或讲一两句就"卡壳"。

二、以话试探，找到共同点

不熟悉的人为了打破沉默的局面，开口讲话是首要的，有人以招呼开场，询问对方的籍贯、身份，从中获取信息；有人通过听说话口音、言辞，侦察对方情况；有的以动作开场，边帮对方做某些急需帮助的事，边以话试探；有的甚至借火吸烟，也可以发现对方的特点，打开口语交际的局面。

三、听人介绍，猜测共同点

身为领导者的你在接见陌生的来访者时，办公室恰好有其他人，这时，你就应该马上出面为双方做介绍，说明双方与自己的关系，各自的身份、工作单位，甚至个性特点、爱好等，细心人从你的介绍中马上就可发现与自己有什么共同之处，相互认识和了解，以致变得亲热起来。

四、揣摩谈话，探索共同点

为了发现别人同自己的共同点，可以在与别人谈话时留心分析、揣摩，也可以在对方和自己交谈时揣摩对方的话语，从中发现共同点，进而使陌生人变为熟人，并发展成为合作伙伴或朋友。

五、步步深入，挖掘共同点

发现共同点是不太难的，但这只能是谈话的最初阶段所需要的。随着交谈内容的深入，共同点会越来越多。为了促使交谈更有益于对方，必须一步步地挖掘深层的共同点，才能如愿以偿。

一个度假的大学生和一位在法院工作的同志，在一个共同的朋友家聚餐，经主人介绍认识后，两个陌生人谈了起来。慢慢地，两人发现彼此对社会上不正之风的看法有共同点，不知不觉地展开了讨论，他们从令人不满的社会现象，谈到产生的土壤和根源，从民主与法制的作用，谈到对党和国家的期望。结果两人越谈越深入。

寻找共同点的方法还有很多，譬如面临着共同的创业环境、共同的产品需求、共同的前进方向、共同的生活习惯等，只要你仔细观察，用心发现，就很容易在短时间内打破双方的交流屏障，瞬间拉近彼此的距离，为进一步交流埋下伏笔。

开口前深思熟虑，开口后众人认同

每一位领导者都希望得到别人的支持，这些人包括亲友、下属、客户或同行。这就要求领导者在讲话时顾及周全。如何讲话才能让别人认同你？其实答案很简单，你只要恰到好处地适应他人的情感需求，打通其情感需求通道，就能让他们彻底放下戒心，打心眼里认同你。

一、关心他最亲近的人

很多领导都做过这样的事，有事没事时询问下属家人的情况：家人生病是否痊愈了，孩子学习成绩怎么样，等等。这样的领导很轻易就能俘虏下属的心。任何人总是关心自己最亲近的人，如果一旦发现了别人也在关心自己所关心的人，大都会产生一种无比亲近的感觉。交际就可以利用人们的这种共同的心理倾向，从关心他最亲近的人切入，拉近彼此的距离。

曾和日本前首相佐藤荣作实力相当的河野一郎，最会利用人们的这个微妙的心理，将自己想继续交往的目的以一个动人的故事开场。

有一次河野一郎在欧美旅行时，在纽约遇到了多年不见已显生疏的朋友米仓近先生。两人在互道近况后，都留下了在国内的住址和电话，知道彼此都成了家。当晚，河野一郎回到旅馆的第一件事，便是挂了个长途电话给米仓近太太："我是米仓近的老朋友，我叫河野一郎，我们在纽约碰面了，他一切都很好。"

米仓近太太没想到丈夫的这位朋友会对丈夫这么关心、体贴，感动得热泪盈眶。米仓近后来知道了，专程去向他表示感谢。

二、在他心中建起"同胞"意识

"同胞"意识也就是亲情意识。《三国演义》里，关羽、张飞为何对刘备如此忠贞不渝呢？主要原因就是刘皇叔在与关、张相识之初就和他们义结金兰，结拜为"同胞兄弟"，"同胞"意识在关、张二人心目中牢牢地扎下了根。能在交际之初迅速建立起"同胞"意识，就可以使对方放松对自己的警戒之心，而把自己接受为"自己人"。

田中义一是日本很有名气的政治家，他非常善于利用人们的亲近心理营造温馨的交际环境，来取得预期的交际效果。有一次，他到北海道进行政治游览，有位穿着考究看起来很像当地知名人士的男子走出欢迎行列向他表示问候。田中义一急忙走上前去，紧紧握住那人的双手，十分热情地说道："啊，您辛苦了。令尊还好吗？"那个男子感动得一时说不出话来。田中义一的政治游览，也因此大获成功。事后，田中义一的随从对主人的亲密举动十分不解，忍不住问道："那人是谁？"田中义一的回答出人意料："我怎么知道，但谁都有父亲吧！"

田中义一的交际成功，无疑在于他选择了一个比较好的交际切入点，即在这位男子心目中迅速建立了亲情意识，使这位男子觉得他是一个值得信赖、和蔼可亲的人，从而在心理上对田中义一产生了认同感。

三、助他人一臂之力

热情相助最能博得他人的好感，领导亦然。那些具有古道热肠、为人厚道、不吝啬、助人为乐的人总能在业界、邻里之间、同事之间获得好名声。因为人们一般都乐意与这些热心肠的人相识、相交。比如，你帮一个经济有困难的员工报销了医疗费，员工就会更加死心塌地地追随你。日常生活中，如果你帮正在扛煤气罐上楼的邻居抬一把，你就可以成为他家中的常客；替一个刚刚上车的旅客摆放好行李，你的旅途就多了一个伙伴；为忙碌的同事沏一杯茶，你就会得到善意的回报。

四、用温情化解坚冰

人们一般都认为，双方的矛盾爆发之后的一段时间，是交际的冰点。但如果此时一方能主动做出一个与对方预期截然相反的善意举动，就会使对方在惊愕、感叹、佩服、敬意之中认同你，从而化敌为友。交际的冰点就成了成功交际的切入点。

美国开国总统华盛顿还是一位上校的时候，他率领部队驻守在亚历山大历亚。在选举弗吉尼亚议会的议员时，有一个名叫威廉·佩恩的人反对华盛顿所支持的候选人。同时，在关于选举问题的某一点上，华盛顿与佩恩形成了对抗。华盛顿出言不逊，冒犯了佩恩。佩恩一怒之下，将华盛顿一拳打倒在地。华盛顿的部下闻讯，群情激愤，部队马上开了过来，准备教训一下佩恩。华盛顿当场加以阻止，并劝说他们返回营地，就这样一场干戈暂时避免了。

第二天一早，华盛顿派人送给佩恩一张便条，要求他尽快赶到当地的一家小酒店来。佩恩怀着凶多吉少的心情如约到来，他猜想华盛顿一定要和他进行一场决斗。然而出乎意料的是，华盛顿在那里摆开了丰盛的宴席。华盛顿见佩恩到来，立即站起来迎接他，并笑着伸过手来，说道："佩恩先生，犯错误乃人之常情，纠正错误是件光荣的事。我相信昨天是我不对，你已经在某种程度上得到了满足。如果你认为到此可以解决的话，那么握住我的手，让我们交个朋友吧。"

华盛顿热情洋溢的话语感动了佩恩。从此以后，佩恩成为一个热烈拥护华盛顿的人。由此，我们不得不佩服华盛顿化解矛盾的独特之处。

有的放矢，打好面试口才第一关

很多领导者有亲自面试员工的习惯。那么，在面试过程中，应该如何讲话更得体呢？面试的问题虽然林林总总、五花八门，但总结起来可以分成两大类：一类是测试应聘者的综合素质；一类是测试应聘者的专业素质。

多数时候，招聘一方的负责人都认为面试问题的随意性很大，一般表现在进行综合素质测试阶段。因为测试的是综合素质，很多面试人员认为可以海阔天空地聊，想问什么问什么，只要最后给出了一个综合评定即可。其实这种看法是不对的，至少是不科学的。

在综合素质测试中，招聘方应该通过提问题了解应聘者以下综合素质：表达能力、概括能力、逻辑性、责任心、组织协调能力、自我认识能力、自信心、分析能力、心理承受能力和应变能力等。对于不同岗位的应聘者，对上述各能力的具体要求也不同。比如对于销售人员，要侧重强调表达能力、自信心、心理承受能力和应变能力；对于技术开发人员要强调其逻辑性、责任心、分析能力；而对于职能部门的员工，则要强调责任心、组织协调能力、心理承受能力和应变能力等。

虽然需要测试的素质和能力很多，但在具体提问时，通过几个典型的问题即可概括。

例如，如果你想要测试应聘者的表达能力、概括能力和逻辑性时，身为招聘方的你可以这样说："首先欢迎您来我公司应聘，下面请您简单地做一下自我介绍或者讲述一下自己的主要工作业绩，好吗？"通过应聘者回答问题时语言表达的清晰性、流畅性，可以看出应聘者是否善于表达概括，语言表达是否有逻辑性。

又比如，可以提问："你在以往工作中遇到过什么困难？

你是如何解决这些问题的？"同样可以考察应聘者的思维逻辑性、语言的组织能力和表达能力。

如果你想考察应聘者的组织协调能力，可以询问一些他以前组织过的活动。比如，你可以这样问："请问您在单位（学校）经常组织活动吗？如果答案是肯定的，那么请具体描述一下你是怎样组织一次活动的，你在其中的职责是什么。""在你主管的部门中，你是如何给每个人分派工作的，是怎样协调他们之间的关系的？"

通过这些问题，你同样可以了解到应聘者的思维逻辑性和语言表达能力，更可以了解到他的组织协调能力，从而确定他是不是你们要招的人。

如果你想测试应聘者的责任心是否很强，可以这样询问："你是否愿意向上级提出合理化建议？""假如分配给你的一项任务，眼看期限已到，难以完成，你怎么办？"另外你也可以这样说："请你简单地进行一下自我评价。""请用三个词概括一下你自己。""请对你的优点和缺点作一个评价。""请对你的个性特征作一个评价。"通过这些问题，可以测评应聘者的责任心和自我认识能力。

在面试提问过程中，还要注意应聘者的回答是否准确和真实。有些应聘者会有意无意地夸大自己的优点，忽略自己的缺点。如果面试人员对应聘者所讲内容的真实性产生怀疑，则需要让应聘者举一些例子来证明他所讲内容的真实性。另外，还可以从"为什么做、怎么做的、结果如何"这个逻辑链中去分析应聘者讲述内容的真实性，要留意应聘者所讲的内容前后是否一致。

另外，在面试提问中要注意应聘者的动机问题，首先是公司运作方式、价值观与个人愿望的吻合程度，其次是工作职责与个人愿望的吻合程度，最后是工作地点和个人愿望的吻合程度。如果这三项中有一项的吻合程度较差，则应聘者在公司的适合程度就会下降，面试人员就要考虑应聘者能否通过面试了。

放下架子少摆谱，善于谈心得人心

工作的时候，企业领导者可能会在某个时机找员工谈心。

谈心就是打开双方的心扉，通过良好的沟通促进彼此的理解，让事情朝好的方向发展。那么，是不是所有的领导都会谈心呢？答案是否定的。有的领导可能高谈阔论两三个小时却不会轻声细语地交流，殊不知，后一种方法有时候更适合解决问题。

那么，作为领导如何掌握谈心的火候呢？

一、制造融洽的谈话氛围

人人皆有畏惧权威的心理，尤其是领导找员工谈话时，员工可能会突然显得很紧张。那么，为了避免这种状况的发生，作为领导者在交谈时制造一种和谐的气氛就显得尤为必要。这时，领导不妨说几句笑话，或讲点让人高兴、兴奋的事情，以拉近彼此的距离，让彼此放松一下心情。这样，接下来的沟通效果就会好很多。

二、谈话态度要亲切自然

有句话叫"无事不登三宝殿"，一般来讲，领导者讲话基本也是有意而来。如果事先就知道谈话的起因，且双方对立情绪比较大，作为领导可以采取"冷处理"的方法，比如暂时延缓双方的谈话，或者采取"曲线交谈"的方式，从其他的话题说起。领导说话时要尽可能地显出亲切、诚恳和关怀。

三、谈话要有的放矢

无论在什么场合，领导讲话一定要注意方法，不能让对方感到无所适从。一位哲学家说："世界上没有完全相同的两片树叶。"领导者应根据谈话对象的不同采取不同的方法，比如谈话对象的性格、爱好、脾气秉性等，根据对方不同的特点，领导者既可以直接奔向谈话的主题，也可以采取迂回的方式将谈话徐徐进行。

这些原则和方法的核心在于清楚地认识谈话对象，从谈话对象的角度去决定沟通的方式和内容，所谓"谈心要抓心"。

四、说话要入耳动听

任何一种语言的交流都是双向的，身为领导无论是在公共场合发表演讲，还是和别人随意交谈，除了说话者本人外，还有说话的对象（倾听者）。为此，领导者不能想说什么就说什么，而要看你所面对的听众，要从听众不同的特点出发，说不同的话，从而创造一种和谐、融洽的气氛，以达到说话的目的。

朱元璋做了皇帝之后，他从前的一位苦朋友从乡下赶来找他："我主万岁！当年微臣随驾扫荡庐州府，打破罐州城，汤元帅在逃，拿住豆将军，红孩儿当关，多亏菜将军。"朱元璋听他说得好听，心里很高兴。回想起来，也隐约记得他的话里好像是包含了一些从前的事情，所以立刻封他做了大官。

这个消息让另外一个苦朋友知道了，他也去了。这位苦朋友和朱元璋一见面，就直通通地说："我主万岁！还记得吗？从前，你我都替人家看牛。有一天，我们在芦花荡里，把偷来的豆子放在瓦罐里煮着。还没等煮熟，大家就抢着吃，把罐子都打破了，撒下一地的豆子，汤都泼在泥地里。你只顾从地下满把地抓豆子吃，却不小心连红草叶子也送进嘴里。叶子梗在喉咙口，弄得你哭笑不得。还是我出的主意，叫你用青菜叶子放在嘴里一口吞下去，才把红草叶子带下肚子里去了……"朱元璋嫌他太不会顾全体面，等不得听完就连声大叫："推出去斩了！推出去斩了！"

两个人明明说的是同一件事，可是因为说话的方式不同，得到了截然不同的待遇。领导者在工作实践中，道理也是如此。如何取悦你的谈话对象令其信服你，是领导说话所要坚持的重要原则。当然，取悦并不意味着一味地趋附对方，而是希望能够更好地达到交流的目的。

第四章

与任何人都聊得来
——好领导都懂得沟通的艺术

沟通艺术是领导口才艺术的精髓。当企业与员工之间有了"鸿沟"，造成矛盾与对立的时候，领导与员工之间就需要充分地沟通以赢得合作。深谙沟通策略的领导总能将自己的意思精准表达，让员工心甘情愿地力挺自己，为做好工作不遗余力。

精诚沟通，好领导的必备能力

面对现在日益复杂的社会关系，在激烈的市场竞争中，每一位领导者都希望自己能够锻造出一支上下齐心、精诚团结的企业团队，都希望自己的企业能够生存在一种良好的外部环境中，能在与顾客、股东、上下游企业、社区、政府以及新闻媒体的交往中，塑造出良好的企业形象。而这离不开精诚沟通。

沟通是解决一切问题的基础。沟通不是万能的，但没有沟通却是万万不能的。沟通甚至可以决定生与死的命运！

1990年1月25日，由于阿维安卡52航班飞行员与纽约肯尼迪机场航空交通管理员之间的沟通障碍，导致了一场空难事故，机上73名人员全部遇难。

当天晚上7点40分，阿维安卡52航班飞行在南新泽西海岸上空11277.7米的高空。机上的油量可以维持近两个小时的航程，在正常情况下飞机降落至纽约肯尼迪机场仅需不到半小时的时间，这一缓冲保护措施可以说十分安全。然而，此后发生了一系列耽搁事故。晚上8点整，肯尼迪机场管理人员通知52航班由于出现了严重的交通问题，所以他们不得不在机场上空盘旋待命。

晚上8点45分，52航班的副驾驶员向肯尼迪机场报告他们的燃料快用完了。管理员收到了这一信息，但在晚上9点24分之前，一直没有批准飞机降落。在此期间，阿维安卡机组成员没有向肯尼迪机场传递任何十分危急的信息，但飞机座舱中的机组成员却相互紧张地通知他们的燃料供给出现危机的信息。

晚上9点24分，52航班第一次试降失败。由于飞行高度太低以及能见度太差，因而无法保证安全着陆。当肯尼迪机场指示52航班进行第二次试降时，机组成员再次提到他们的燃料将要用尽，但飞行员却告诉管理员新分配的飞行跑道"可行"。晚上9点32分，飞机的两个引擎失灵，1分钟后，另两个也停止了工作，耗尽燃料的飞机于当天晚上9点34分坠毁于长岛。

当调查人员考察了飞机座舱中的磁带并与当事的管理员交谈之后，他们发现，导致这场悲剧的原因是沟通的障碍。为什么一个简单的信息既未被清楚地传递又未被充分地接受呢？下面我们针对这一事件作进一步的分析。

首先，飞行员一直说他们"燃料不足"，交通管理员告诉调查者这是飞行员们经常使用的一句话。当被延误时，管理员认为每架飞机都存在燃料问题。但是，如果飞行员发出"燃料危急"的呼声，管理员有义务优先为其导航，并尽可能迅速地允许其着陆。一位管理员指出，如果飞行员表明情况十分危急，那么所有的规则程序都可以不顾，他们会尽可能以最快的速度引导其降落。遗憾的是，52航班的飞行员从未说过"情况紧急"，所以肯尼迪机场的管理员一直未能理解到飞行员所面对的真正困境。

其次，52航班飞行员的语调也并未向管理员传递燃料紧急的严重信息。许多管理员都接受过专门训练，可以在各种情境下捕捉到飞行员声音中极细微的语调变化。尽管52航班的机组成员相互之间表现出对燃料问题的极大忧虑，但他们向肯尼迪机场传达信息的语调却是冷静而职业化的。

最后，飞行员的文化和传统以及机场的职权也使52航班的飞行员不愿意声明情况紧急。正式报告紧急情况之后，飞行员需要书写大量的书面汇报。另外，如果发现飞行员在计算飞行过程需要多少油量方面疏忽大意，联邦飞行管理局就会吊销其驾驶执照。这些消极因素极大阻碍了飞行员发出紧急呼救。在这种情况下，飞行员把机上70多条人命当作了自己专业技能和荣誉感的赌注。

多么惨痛的教训。可见，上至国家、中至企业、下至个人，沟通都是极其重要的能力。

沟通是企业管理者常用的方法，也是诸多问题的症结所在。如果沟通做好了，将在很大程度上帮助你处理人际关系，完成工作任务，达到绩效目标。相反，如果沟通不好，则可能会生出许多你意想不到的问题，造成管理混乱、效率低下，甚至员工离职问题。一旦你掌握了沟通的技巧并能熟练运用，你将会把工作当成一件快乐的事情。因此，现代管理者要保持沟通之心，让沟通成为你的工作利器，实现在快乐中工作。

英国管理学家L.威尔德说："管理者应该具有多种能力，但最基本的能力是有效沟通。"

一个有经验的管理者、一个高效的管理者，一定是优秀的沟通者，他们深知发挥领导力和影响力的主要途径是人际沟通和互动。

有效沟通，领导下属齐心合力

俄亥俄州的奈尔斯坐落着美国钢铁和国民蒸馏器公司的子公司RMI，该公司生产多种钛制品。多年来，公司的工作效率低下，生产率也上不去。

自从大吉姆·丹尼尔到这里担任总经理后，情况就发生了变化。大吉姆没有什么特殊的管理办法，他只是在工厂里到处贴上如下标语：

"如果你看到一个人没有笑容，请把你的笑容分给他。"

这些标语下面都签有名字"大吉姆"。

公司还有一个特殊的厂徽：一张笑脸。在办公用品上，在工厂的大门上，在厂内的板牌上，甚至在员工的安全帽上都绘有这张笑脸。这就是美国人所称的"俄亥俄的笑容"。《华尔街日报》将其称之为"纯威士忌酒——柔情的口号、感情的交流和充满微笑的混合物"。

大吉姆自己也总是满面春风。他向人们征询意见，喊着员工的名字打招呼，全厂2000名员工的名字他都能叫得出来。他还让工会主席列席会议，让他知道工厂的计划是什么。

结果，只用了三年时间，工厂没有增加一分钱的投资，生产效率却惊人地提高了近8%。

在这里，一张笑脸、称呼员工的名字、征询意见、让工会主席列席会议，都成为沟通的有效手段，并产生了良好的效果，企业也因此而得到了惊人的改变。

沟通首先是一种态度，当你注重沟通，你才会屈尊下驾，千方百计地找到相应的沟通方式，真诚而体贴地去跟下属和员工进行沟通，力求达成共识，形成发展的合力。

美国沃尔玛公司前总裁萨姆·沃尔顿说过："如果你必须将沃尔玛管理体制浓缩成一种思想，那就是沟通。因为它是我们成功的真正关键之一。我们以许多种方式进行沟通，从星期六早晨的会议到极其简单的电话交谈，乃至卫星系统。在这样一家大公司实现良好沟通的必要性，是无论怎么强调也不过分的。"

事实的确如此，萨姆·沃尔顿坚持跟员工保持沟通，为此他经常对沃尔玛商店进行不定期视察。这使他成为深受大家敬爱的老板，同时也使他获得了大量的第一手信息。他一方面通过沟通发现问题，一方面也乘机挖掘人才，让他们去做合适的事。因此，常有这样的情况——他给业务执行副总经理打电话说："让某人去管理一家商店吧，他能胜任。"业务经理要是对此人的经验等方面表示出一些怀疑，他就会说："给他一家商店吧，让我们瞧瞧他怎么做。"因为他在沟通中已经了解了这个人的能力。

沟通是管理的浓缩，可见沟通对于管理的重要性。战略计划的制定离不开沟通，运营计划的执行离不开沟通，选人、用人同样离不开沟通。有团队、有管理，就必然需要沟通，唯有沟通才能减少摩擦、化解矛盾、消除误解、避免冲突，发挥团队和管理的最佳效能。

每个人都希望沟通无界限、沟通无障碍，都希望能够通过沟通顺利达成自己的意愿。事实上，如果不具备、不掌握一定的沟通技巧，是很难事如所愿的。真正有效的沟通并非一日之功。以下技巧有助于提高领导的沟通能力，解决领导者在沟通中碰到的难题，使每次沟通富有成效。

一、妥善处理期望值

要想消除双方期望值之间的差异，一种方式是订立业绩协议。员工与企业签订的业绩协议可使双方明确彼此的期望和要求，帮助设计双方都能达到的目标，并且定期评估协议以确保双方的目标和要求都能得到实现。

另一种方式是清楚地说明你对员工的期望。能否达到你的期望，对方有责任向你说明。这种做法可以使你根据需要对自己的期望做些有效调整，预先消除可能出现的伤害和失望感。

二、培养有效聆听的习惯

人们之间的沟通充满变数，比如自己和别人的谈话及聆听风格等，因而既复杂又具挑战性。设身处地地站在对方角度考虑问题是成功沟通的关键因素之一。

聆听，但不要受别人情感的感染。别人有难处时，应设身处地理解别人，但不能为这种情感左右。必须为自己留点精力去做自己的事。记住，不要做一块海绵，什么都予以吸收。

三、坚持诚实

有时，实话实说的确伤人。但诚实最终能增加建立稳固、长久关系的机会。因此，诚实非常重要。如果有什么事烦扰你，尽量直接说出来，以免小事化大更难处理。

四、有创意地正面交锋

所有其他方式都行不通时，唯有正面交锋。这也是摆平各方、理顺头绪的一个机会。不要因为害怕而逃避，要理直气壮。当然有的时候，借故避开也不失为明智之举。

五、对失误不必耿耿于怀

沟通中出现失误，让你失望或受到伤害，不要挂在心上。不妨自问一下：要不要背上这包袱？自己能从中得到什么？一旦尽心尽力地澄清了沟通中出现的失误，就要为自己付出的努力骄傲，该过去的让它过去。一番心血没有白费，心中巨石落地，该高兴才是！

沟通到位，零障碍管理团队

春秋战国时期，耕柱是一代宗师墨子的得意门生，不过，他老是挨墨子的责骂。有一次，墨子又责备了耕柱，耕柱觉得非常委屈，因为在众多门生之中耕柱是公认的最优秀的人，但又偏偏常遭到墨子指责，让自己很没面子。一天，耕柱愤愤不平地问墨子："老师，在这么多学生当中，我难道竟是如此的差劲，以至于要时常遭您老人家责骂吗？"墨子听后毫不动肝火："假设我现在要上太行山，依你看，我应该用良马来拉车，还是用老牛来拖车？"耕柱回答说："再笨的人也知道要用良马来拉车。"墨子又问："那么，为什么不用老牛呢？"耕柱回答说："理由非常简单，因为良马足以担负重任，值得驱遣。"墨子说："你答得一点也没有错，我之所以时常责骂你，也只因为你能够担负重任，值得我一再地教导与匡正你。"

这则故事给我们以下深刻的启示。

首先，沟通是双向的。管理者不但要打通自上而下的沟通渠道，还要打通自下而上的沟通渠道，让沟通得以双向进行。只有这样，沟通才能真正顺畅，才会取得良好的效果。故事中的耕柱在深感不平的情况下并没有消极对抗，甚至远走他方，而是积极、主动地去找墨子沟通。而墨子也没有丝毫推诿，积极地配合耕柱沟通，两人都敞开心扉，说出了自己的心里话，从而使师徒之间消除了不必要的误会，相互之间的感情更加深厚。

其次，企业应该拥有良好的沟通文化，从上到下都应重视沟通。如果一个企业不重视沟通管理，大家都消极地对待沟通，长期下去就会导致形成一种"无所谓"的企业文化。员工对什么都无所谓，既不找领导，也不去消除心中的不满；管理者也对什么都无所谓，不去主动地发现问题和解决问题。这样的企业自然没有凝聚力可言。

日本松下电器创始人松下幸之助说："企业管理，过去是沟通，现在是沟通，未来还是沟通。"

小宏明天要参加小学毕业典礼了，怎么也得精神点，把这一美好时光留在记忆之中，于是他高高兴兴地上街买了条裤子，可惜裤子长了两寸。吃晚饭的时候，趁奶奶、妈妈和姐姐都在场，小宏把裤子长两寸的问题说了一下，饭桌上大家都没有反应。饭后大家都去忙自己的事情，这件事情就没有再被提起。

妈妈睡得比较晚，临睡前想起儿子明天要穿的裤子还长两寸，于是就悄悄地一个人把裤子剪好、叠好放回原处。半夜里，狂风大作，窗户"哐"的一声关上把姐姐惊醒，姐姐猛然想起弟弟的裤子长两寸，自己辈分最小，怎么着也该自己去做，于是披衣起床将裤子处理好才又安然入睡。老奶奶觉轻，每天一大早醒来给小孙子做早饭上学，水未开的时候她也想起孙子的裤子长两寸，马上帮孙子修好了裤子。最后，小宏只好穿着短四寸的裤子去参加毕业典礼了。

沟通是管理的基础，是人与人之间交往的桥梁。有沟通，才有理解。沟通之于管理者，就像水之于游鱼、天气之于飞鸟。

沟通使企业成员心无间隙，在工作中精诚合作，成为最有创造力和最有活力的组织。

沟通重"心"，重在"真诚"

沟通的基本任务是以诚取信，增加彼此间的信任。不论是管理者还是员工，每个人之间都要心如明镜，有任何不满和疑惑都要及时提出来沟通，以促进彼此之间的相互信任。一个信任的团体坚如磐石，不论面对怎样的困难都能齐心协力，同舟共济。

很多企业的管理者，只要企业内部产生意见分歧或发生冲突，他们总会把原因归结为"缺乏沟通"。缺乏沟通，当然是原因，但是缺乏沟通的原因又是什么呢？有人说主要是沟通技巧上的问题，也有人说是价值观上的问题，而心理学专家则认为：真诚是有效沟通的基础。

什么是有效沟通？有人说让员工接受公司的决定，就是有效沟通。否则就是无效沟通。但是，大概所有的人都愿意在沟通中说服别人而不愿意被别人说服。在管理中，很多管理者都把"沟通"当作"说服"的代名词，因而，沟通中经常出现"口服心不服"的问题。沟通的效果分为四类：一是心服口服，二是心服口不服，三是口服心不服，四是口不服心也不服。当然，每位管理者都希望达到"心服口服"的沟通效果。但是，如果用"说服"的心态来沟通，常常会以"口不服心也不服"的结局收场。沟通就是沟通，沟通不是说服。

沟通的基本任务是增进彼此间的信任关系。试想一下，假如沟通双方彼此疑虑重重，甚至心存敌意，即使一方说的是真理，对方也会认为是谬论。过去有句老话："敌人拥护的，我们就反对；敌人反对的，我们就拥护。"这句话说出了一个容易被我们忽略的重要现象：是与非，对与错，往往是由关系状态决定的。在管理中，批评时有发生。同样的错误，当被批评者信任批评者时，被批评者会对批评感激。相反，被批评者一定会对批评感到憎恨。没有信任的批评，是管理之祸。信任何来？从沟通中来。沟通能增进信任，但又不是所有的沟通都能增进信任，有效的沟通必须建立在真诚的基础上。如果企业中人人都能以诚待人，信任的气氛就会充满整个企业。

有位领导人曾经说过："与人说理，须使人心中点头。"因此，管理者在与员工沟通时一定要真诚，要循循善诱、步步引导、耐心商讨，要让员工"心中点头"。

墨家思想主张"尚同"，即"上下同情"。最终的目的是把一个组织的不同意见统一起来，形成共有的价值观。为了达到这一目的，其前提在于上级与下级之间的充分沟通。墨子指出："领导者管理政事，掌握了下面实情的就能得到治理，不掌握下面实情的就要引起混乱。"东汉学者王符，进一步发展了"上下同情"的思想，提出"兼听则明，偏信则暗"的名言。

苹果公司一度面临经营上的困难，需要调整方向。当时，董事会新请来了一位以有战略眼光著称的首席执行官（CEO）。这位CEO刚来公司时，就告诉所有员工："不必担心，这家公司的境况比我以前从鬼门关里救回的那些公司好多了。给我一百天，我会告诉你们公司的出路在哪里。"

但是，这一百天里，他只和自己带来的核心团队一起设计公司的"战略计划"，却从不倾听广大员工的心声。一百天后，他果然推出了新的战略计划，但是公司员工对该计划既不理解也不支持，他自己的声望也开始走下坡路——因为员工觉得他虽然能干，但是很自大，不在乎员工的想法，所以员工们并不真正信服他，也没有动力去执行他提出的战略计划。

半年后，公司业绩继续下滑，这位CEO召开了一次全体员工大会。他不但不从自身找原因，反而在台上指着所有员工说："你们让我很失望，大家没有努力执行我的计划，今后，我绝不允许你们再犯类似的错误。"结果，这次大会后，他失去了大多数员工的支持，不久就被董事会解雇了。

后来，有人这样评价他："他以为他可以用智慧和经验改变公司的一切，他做了战略决定后就直接开始执行，却没有花时间寻求所有员工的支持。其实，他的战略方案不无道理，但他做事的方法是完全错误的——他不是一位懂得倾听、懂得理解的好领导。"

沟通要听"心"。在大企业里，领导如果不悉心倾听员工的心声，就无法体现出企业对员工的尊重，有时候还会导致灾难性的后果。

谈话是沟通最常用也是最有效的手段，而谈话中"会听"比"会说"更重要。其实，沟通的主角不是语言，而是人和人，心与心。

杰克·韦尔奇说："真正的交流需要长时间地你看着我、我看着你，意味着多听少说……就是说，人类通过旨在达成共识的不断交往过程来最终了解和接受事物。"

因此，企业的管理者与员工之间应通过信息交流达到情感交流，由沟通达到心通。

把握心理，巧妙说服获认同

身为领导，当你想要试图说服别人的时候，首先要准确拿捏被说服者的心理，因为被说服者的处境是矛盾的，如果他不服从或不同意你，就会与你产生冲突；如果他服从你、同意你，又会与自己产生矛盾。在被说服的过程中，人们的心理矛盾有以下几种表现形式。

一、猜疑心理

即使人们彼此之间有信任关系，在感到自己被对方说服时，也难免疑虑重重。尤其是有些人本身就有疑神疑鬼的毛病，面对这种情况疑心病会更加严重。信任意味着遵守诺言、保密、尊重对方人格，但在具体情境中，人们的这些信念可能有些动摇，猜疑心理就会油然而生。

美国卡耐基—梅隆大学的罗伯特·凯利博士，1989年对美国400位经理的工作进行了调查，结果发现，在这些经理领导的企业中，有三分之二的人感到经理不能给他们提供对公司观念的清晰理解、任务及目标的明确解释。如果员工不能通过某些信息来理解自己工作的意义，其工作就不会有更高的绩效。尤其严重的是，如果领导不去提供信息，解释一下为什么，人们就会自作解释，导致领导者不能驾驭舆论，甚至会毁掉领导者的职业前程。

二、防卫心理

即戒备心理，是一种警觉地注意别人的一言一行，尽量推辞言语及行动上的责任的心理状态。

有效谈话的行为技巧可以医治防卫心理。你如果能造成一种同步交谈，鼓励对方更多地表达自己的看法，促进他的自我表露，就可以对症下药，找到突破口。另外，开放地表露自己，更多地积极反馈，表明你与对方的相同之处多于分歧之点，这样就可以缩短心理距离，有利于促进双方的理解，形成评价的一致。

三、不安与精神压力

人具有保护自己的精神及人格完整性的本能，即使你不存在控制对方的动机，对方在面对要求作出转变时，也会因为这将可能影响自己的人格完整性而产生不安，承受一定的精神压力。同时，在他面对接受你与拒绝其他人的选择矛盾时，接受了你就意味着自己的态度及行为方式的转变，且需要与其他人的关系进行调整，这时他也会承担相当的精神压力。被说服者所承受的精神压力会影响说服的效率与成效，因此他们能躲即躲，实在躲不过，也将不置可否。

在涉及一些对被说服者来说是重大问题的说服时，对方的回避是不可避免的。故而要求说服者：第一，一定要有耐心。刘备三顾茅庐才说服诸葛亮出山辅佐自己，因为对诸葛亮来说，这是人生的重大选择时刻，不能不慎重。第二，交谈中要有策略地进行"信息注射"，不要一次把话说完，要给对方留有余地。第三，要让对方认识到他的不安及压力的存在及根源，并就此进行交谈，逐一予以化解，要为对方设想好解释自己之所以转变的理由。更为慎重的方法是委托第三者去说服。而在无计可施、一筹莫展时，攻击对方背后的"精神领袖"与利益关联者也不失为一种方式，不过，这种方式应有一个道德尺度的约束。

沟通六式，领导必备协调法

领导在做协调工作时，主要有六种方式。

一、彼此谦让

在一个单位或部门，下属们对某项任务或某个问题在利益和观点上不一致，是常有的事。有时双方甚至会剑拔弩张、面红耳赤，搞到十分紧张的地步。这个时候就需要领导出面进行调停，做双方的"和事佬"了。

有人估计，领导者要花上20％左右的时间来处理各种冲突，但这并不能说明领导在工作上无能或失败。冲突在人际关系中是固有的、不能回避的，必须予以适当地处理，方能形成"人和"的气氛。

这就需要领导者运用调停纠纷和处理冲突的技巧，协调各方在认识上的分歧和利益上的矛盾。那么，如何来处理纠纷、冲突和分歧呢？这并没有现成的公式可循，不过，领导者能不能成功地处理冲突主要取决于三个因素：一是领导者判断和理解冲突产生原因的能力；二是领导者控制对待冲突的情绪和态度的能力；三是领导者选择适当的行为方式来处理冲突的能力。具体说，解决冲突、保证"人和"一般可以采取彼此谦让的方式。

彼此谦让的协调方式，就是迫使争执双方各自退让一步，达成彼此可以接受的协议。这是调停纠纷、解决冲突最常见的办法。这种解决办法，关键在于找准协调双方的适度点。无论调停政治纠纷，还是解决日常工作和生活上的冲突，要使双方团结起来，共同行动，就不能采取偏袒一方和压制另一方的做法，而应该运用彼此谦让的方式解决问题。

二、迂回前进

在特定的条件下，对一些无原则的纠纷应采取含糊的处理方法，或者为了解决某些冲突，可作出一些必要的合作、折中、退让、妥协。

比如，鼓励冲突的双方把他们的利害关系结合起来，使双方的要求都得到充分满足；或者在冲突双方的要求之间寻求一个折中的解决办法，让双方都得到部分满足；或者驱使一方放弃自己的观点、利益去满足另一方的要求；或者用暗示或置之不理的方式鼓励冲突双方自己去解决分歧，等等。假若双方都是搞派别斗争，为他们各自小集团的私利而闹纠纷，完全违背整体利益，那么在解决这样的纠纷时，就不必去分清谁是谁非，事实上也无法分清谁是谁非，可采取各打五十大板的办法来处置。

又如，在对某些闹事问题的处理上，闹事本身并不正确，但为了有利于大局的安定，领导在说清事理之后，可对他们的要求作出一些不损害大原则的妥协，以缓和矛盾。虽然这样处理纠纷的方式看起来显得简单和有点不分是非，但仍不失为一种解决冲突的方法。

三、泄愤释怒

当双方发生冲突时，应该让每个人都有机会泄愤释怒，不要让心头的愤怒郁积起来。这可以缓和冲突的紧张程度，打开解决冲突的大门。亚洲一些组织和单位搞的"健康管理室"，就是采用这种方式。

比如说，两个人吵架了，产生了很大的纠纷，就可以领到"健康管理室"来组织双方接受健康管理教育。第一个房间，一进去，对面有个落地大镜子，两个人站着照镜子。双方在吵架时，感觉不出自己的面貌变化，脸红脖子粗，非常激动，一照镜子，威风马上就下去了，自己就提醒自己今天有些失控。然后到第二个房间，是一排哈哈镜，双方依次照镜子，通过这些镜子启发双方要正确对待自己和他人，不能像哈哈镜那样把自己看得很高大，把别人看得很矮小。然后再向前走，进入弹力球室。在地板上和房顶上各有一个钩子，中间用橡皮条紧紧拉着一个球，挂一人多高。让每人用力打三下，由于弹力作用，球弹回来正好打在自己额头上，以此来启发双方认识人与人的关系就同作用力与反作用力一样，你伤害别人，别人就会伤害你。再往下走，是傲慢像室。是用稻草做的非常傲慢的草人，每人用棒子打三下，让双方发泄一通，并启发他们否定这种傲慢态度。再往下走，走廊两边挂着许多照片，一边是青年人应该怎样生活、学习，如何正确对待别人、尊重师傅和长辈；另一边是青年人在酒吧间里鬼混、打架斗殴等社会的黑暗面。两边对照，启发青年要正确对待生活。最后双方交换意见，互相表态，问题得到解决。

这种方式，在我国的一些单位中也有应用。据报载，某厂设了个"出气室"，"出气室"门前写着这样的话："主人同志，欢迎你。如有什么心事，请你讲出来；你有什么好的建议，请不要保留。"厂里的主要领导轮流挂牌值班接待。说来也灵，憋着一肚子火气进去的职工，出来竟然一身轻。两年来，职工来访上千次，件件有登记，桩桩有着落。人们认为，这个厂的经济效益越来越好，"出气室"也有一份功劳。

经得住别人发泄愤怒是很不容易的，尤其是这种愤怒冲着自己来的时候更是滋味难受。现实中就有这样的领导者，以官压人、以权欺人。你有气吗？对不起，他不但不给你出气，反而开口就训，火上浇油，结果激化了矛盾，甚至诱发出恶性事故，闹出大乱子。所以，领导者在这一点上要宽宏大量，要能忍"难忍"之事。如果领导者本人也是冲突的一方时，就必须严格约束自己，要"高姿态"，不要只为自己辩护。

四、相互协作

各部门领导之间在强调自己工作的地位和作用时，不能贬低而要肯定其他部门的地位和作用。工作的配合与支持不能仅是单向的索求，而应成为双向的给予，并用以取代"鸡犬之声相闻，老死不相往来"的自我封闭状态，以及"各人自扫门前雪，休管他人瓦上霜"的狭隘做法。

各部门领导之间互相支持，是圆满完成组织工作任务的前提。一个各部门之间相互支持的组织，才是有能力的组织。各部门之间的相互支持，体现在具体的工作中。

当某一部门工作遇到困难和阻力时，其他部门主动去排忧解难，在人力、财力、物力方面给予帮助，是一种支持；当某一部门工作取得成绩或出了问题，其他部门给予热情的鼓励或提出诚恳的批评，也是一种支持；当某一部门与其他部门发生矛盾，其他部门不是置之不理而是出面调解，帮助消除误会、解决矛盾，更是一种支持。各部门之间的相互支持，是避免冲突、消除矛盾和友好相处的重要原则。

五、合理竞争

由于各部门在组织系统中处于不同的地位和具有不同的功能，部门之间不但具有共同的利益和目标，还具有各自不同的利益和目标，因此必然存在竞争。组织内各部门的地位差别、功能差别，既反映了相应的权利和义务，也反映了相应的责任和贡献。这是组织系统各部门在协作过程中存在竞争的客观基础。

在组织内部，竞争是一种最活跃的因素和力量，具有使组织系统不断发生变化的功能。这种功能既可以使组织系统发生进步性变化，使组织的作用充分发挥出来，也可以使组织系统发生破坏性变化，造成组织系统的不稳定，产生结构内耗与功能内耗。合理竞争要求部门之间形成一种正常的竞争关系，最大限度地发挥积极性和创造性，努力实现组织系统的整体目标。

在合理竞争中，既反对封锁信息、相互拆台、制造矛盾，也反对满足现状、不思进取、得过且过。特别应该反对的是那种不择手段、尔虞我诈的倾轧和竞争。

部门之间出现矛盾冲突时，如果涉及范围小，则可以协商解决。协商时双方都要把问题摆在桌面上，开诚布公，摆出各自的观点，阐明各自的意见，把冲突因素明朗化，共同寻找解决途径。

如果冲突涉及面大，可采用仲裁解决，即由第三者出面调解，进行仲裁，使冲突得到解决。这是部门之间经过协调仍无法解决冲突时才使用的方法。这里要求仲裁者必须具有一定的权威性，最好是冲突双方都比较信任的或者社会和法律认可的，否则可能仲裁无效。

不过，不管用何种方法解决，领导者在此过程中都必须保持公平与正直，像天平一样不偏不倚。

六、接受时间

这是指解决冲突的条件还不成熟，需要维持现状，等待时机给予解决；或者经过一段时间的积累，由工作或生活本身逐渐地加以调整。采取接受时间的协调方式，让人们经过一段时间后，逐渐放弃旧有的成见，适应新观念和新事实。

这种解决冲突的方法是十分明智的。因为一个人的信仰、观念和立场的改变，往往需要一个体验的过程。如果采取强加于人的做法，常常会使矛盾激化，隔阂加深，损害人们的感情，产生不良的后果。而接受时间的协调方式，则可以使冲突的解决比较自然和顺畅。

第五章

所有人都愿亲近你
——好领导讲话善用态势语

实验发现：一个人要向外界传达完整的信息，单纯的语言成分只占7%，声调占38%，另外55%的信息都需要由非语言的肢体来传达，而且因为肢体语言通常是一个人下意识的举动，所以它很少具有欺骗性。善用肢体语言也是一项必备的社交礼仪，一方面这体现了一个人的知识和修养，另一方面也体现了说话者对听者的尊重程度。

形象仪表，领导讲话的魅力支撑

现代社会是一个注重仪容的文明社会。从一个人的穿着打扮，可以看出一个人的审美水平、文化修养以及综合素质。整洁大方的仪表，不仅能展示你身为领导的独特魅力，更能体现出你对别人的礼貌程度。

穿着打扮具有明显的信息暗示功能，服饰的颜色、式样、档次和搭配，均可以显示一个人的性格爱好、文化修养、生活和风俗习惯。有研究表明，在初次交往中，讲究衣着打扮的人能给人留下比较深刻的印象。因此，作为一名领导者，更应该时刻注意自己的外在形象。

具体说来，领导者的穿着打扮既要自然得体、协调大方，又要遵守某种约定俗成的规范或原则。服装不但要与自己的具体条件相适应，还必须时刻注意客观环境、场合对人的着装要求，即着装打扮要优先考虑时间、地点和目的三大要素，努力使穿着打扮的各方面与时间、地点、目的保持协调一致。

一、举止要优雅自然

一个人的行为就像一面镜子，反映出他的文化蕴涵、知识水准和道德修养。一个人的行为举止是社交中的无声语言，是个人性格、品质、情趣、素养、精神世界和生活习惯的外在表现。在日常生活中，看某个人的行为是优雅还是粗俗，实际上就是看其行为举止是否符合礼仪的要求。有些人在个人行为举止上不拘小节，把日常生活中不文明的举止行为当作小事，而不加注意和重视。其实，文明举止恰恰是从一些小事情做起的。如在公交车上主动为老人让座，这看起来是小事，却反映了你的文化素养和文明程度。文明的举止往往能给人留下深刻的印象，使人乐意与你接近；而粗俗的举止常使人疏而远之，进而影响你的社交活动。由此看来，个人行为举止不是一件小事，在人际交往中，应使自己的行为举止符合文明规范的要求。

要做到举止文明，首先要克服行为举止是小节问题的模糊思想，要从小处着眼、从小事做起；其次要注意文明举止的养成和积累。只有这样，才能成为一个品格高尚的人。要养成良好的行为举止习惯，还要注意两点：首先，讲究礼貌礼节，举止有礼是自我心诚的表现，一个人的外在举止可直接表明他的态度。其次，要养成良好的个人行为习惯，克服各种不雅举止。

二、有风度更有气度

美国第三届总统杰斐逊和他的孙子驾着马车出去，在路上碰到一个陌生的奴隶脱帽向他们鞠躬行礼。杰斐逊举起帽子还了个礼，但他的孙子忙着和别人讲话，没有理会那个奴隶。杰斐逊严肃地说："我的孩子，难道你允许一个奴隶比你更有绅士风度吗？"

这里提到了绅士风度，我们在日常生活中也总在讲，这个人有绅士风度，那个人没有，等等。究竟什么是绅士风度呢？一般来讲，绅士风度的基本要求是要彬彬有礼，待人谦恭，衣着得体，举止不俗，富有教养。绅士风度，从传统意义上说，一般用在有钱、有地位且受过良好教育的人士身上。但有钱却未必就能表现出良好的绅士风度，我们这个社会有钱人越来越多了，但有绅士风度的人却不多见，有钱人那粗俗野蛮之举，倒是每每引人侧目。

风度的背后，往往要靠知识才华来支撑，否则就是虚有其表。所谓"腹有诗书气自华"也是相同的道理。风度的美不单是外在美，它还有深刻的内蕴。优良的品质、渊博的学识、宽阔的心胸、坚强的意志、豁达的性情、远大的理想、真诚的关心，都颇有感召力，倍受人们的推崇。而这些都是通过个人的修养获得的。而且，优美的风度实际上离不开优美的言谈举止。言谈的智慧和举止的优雅是风度的美容术。而洒脱的外表、周到的礼节同样必不可少。诚恳坦率的态度、饱满昂扬的精神状态，这些也都是良好风度必不可少的构成要素。

首语手语，领导讲话的态势语

有效地读取肢体语言所包含的信息不仅有利于你与他人的交往，而且还可以帮助你了解一个人的品位、内涵。一般来讲，态势语包括首语、手势语、手指语等。

一、领导讲话时的首语

首语，就是通过头部活动传递信息。它包括点头、摇头、侧头、昂头、低头等仅仅通过头部的整体活动传达的信息，不包括头部的器官传递的信息。

点头可以表明这样一些意思：同意、致意、肯定、承认、赞同、感谢、应允、满意，也可以表示理解、顺从等情绪。摇头表示这样一些意思：不满、怀疑、反对、否定、拒绝、不同意、不理解、无可奈何等。歪头（侧头）也有多种含义：思考、天真等。譬如小孩子在听大人说话或者在思考一个问题的时候，喜欢歪着头，并托着腮帮。昂头可以用来表示充满信心、胜利在握、目中无人、骄傲自满等。头一直向后仰则表示陶醉。低头表示的情绪有顺从、听话、委屈，也可以表示另有想法等。

在运用头部语时我们要注意以下一些原则：一是动作要明显，要让对方看清楚，正确领会。二是要注意配合其他交际语言的使用。如点头的时候配合"嗯"，就不至于产生误会。三是要注意一些文化差异。如前南斯拉夫的塞尔维亚人表示同意就是将头向前伸；土耳其人表示否定要把头抬起来；特别是保加利亚和印度的某些民族，用点头表示否定，用摇头表示肯定……这些国家的头部语与我们的习惯恰好相反。

二、领导说话时的手势语

手势语也是一种表现力很强的体态语言，是传情达意的有力手段之一。手势语就是通过人的上肢特别是手来传递信息，是表现力极强的一种体态语，能弥补口头语言和表情语言表达的不足，手势语的恰当运用能帮助人们表达特殊的情感。但手势语绝不能不分时间、地点、场合而滥用。手势语要优美大方，使用手势语的幅度、姿态、频率要与口头语言、表情语言和谐配合。如果下意识地滥用手势语，会使对方曲解你的意思，甚至会被认为缺乏教养而引起对方的反感。

我们在日常生活中，手势语言的运用范围也是相当广泛的，频率也相当高。譬如，我们在街上"打的"时，手一招，司机就知道你的意思了；在开大会征求意见的时候，举手就表示赞同或者支持；当不能满足对方要求的时候，搓手表示很为难；还有双手交叉表示自信心和优越感；摊手表示坦诚或者无可奈何。可见手势语是不能滥用的，必须要在合适的语境恰当地运用。

三、领导讲话时的手指语

手指语是手势语的一种，是指通过手指的各种动作来传递信息。这种体态语言自古以来就被广泛使用。在韩愈的一篇墓志铭中有"指天日涕泣，誓生死不相背负"一句。其中"指天日"是强化表达"誓死"的不变心愿。在语言不通的情况下，手指语还有替代功能。此外，手指语还有一种社会、民族约定俗成的传递信息的功能，这给交际带来了方便。

"向上伸小指"这一手势在中国表示"小""最差""倒数第一"，并且引申为"轻蔑"；在韩国表示"妻""妾""女朋友"；在菲律宾表示"小个子""年少者""无足轻重之人"；在美国表示"懦弱的男人"或"打赌"；尼日利亚人伸出小手指，含"打赌"之意；在泰国和沙特阿拉伯，向对方伸出小手指，表示彼此是"朋友"，或者愿意"交朋友"；在缅甸和印度，这一手势表示"想去厕所"。

在我国最为常用的手指语为向上伸大拇指，表示"第一""很棒"。如果能恰当地运用手指语可以让交谈变得更简单、亲切。

同样，手指语的运用也有一些原则。首先，要看语境，在合适的场合使用特定的手指语。其次，不能滥用手指语。最后，要注意手指使用的频率、摆动的幅度。

四、领导讲话时的鼓掌语

鼓掌语就是交际者通过双掌相拍发出声响传递信息的体态语言。它在交际中也是经常用到的。鼓掌语有三个特点：第一，它的表意相对来说显得单纯些，不如握手那么复杂。一般要传递两种信息：一种是正面的，表示欢迎、感谢、支持、称赞等；另外一种是反面的，表示不满、喝倒彩、鼓倒掌，当然这种反面用法在某种程度上讲是不文明的。第二，鼓掌一般用来代替口头语言来传达信息。一般在鼓掌的时候不说话，鼓掌本身就是表态。

运用鼓掌语，需要注意以下几点：第一，情况不同，运用不同程度的鼓掌。一般来说，有三种程度的鼓掌：第一种是应酬式的，动作不大，声音较轻，时间不长；第二种是比较激动的，这种发自内心的掌声，一般动作比较大，声音也很响亮；第三种是比较狂热的，心情难以抑止。第二，要把握时机。第三，要根据场合和对象，决定是否鼓掌。

五、说话时的挥手礼仪

举起或挥动手臂来传情达意，我们称之为挥手语。在电影中经常会看到这样的场景：在战场上，要冲锋的时候，指挥员通常会右手一挥，开始冲锋陷阵。它不仅是动作指令，也能鼓舞士气。

一般来说，挥手的作用有以下几种：

1. 表示正确的决断、坚定的信心和一往无前的勇气。上面提到的挥手语就是这种用法。

2. 表示依依惜别，即我们通常所谓的挥手道别。挥手道别是人际交往中的常规手势。

3. 激发听众的情绪，让听众获得巨大的鼓舞。这一点通常运用在演讲当中。

4. 举手致意。有时看见相熟的同事、朋友，而自己正在忙碌，无暇分身相迎，常会举手致意。举手致意既可伴以相关的言词，也可代以手势表示。

挥手语也是一种很有表现力的体态语言，但是它使用的频率不宜太高，应根据具体情况和表情达意的需要恰当地选用。

领袖气场，领导讲话的体态语

在当今社会，通过人的身体姿态传递信息不仅是修身养性的基本要求，还是用来表示仪表的重要体态语言。体姿对一个人整体形象的塑造有着很重要的作用。人的体姿与人的相貌有同等的重要性，共同显示出一个人的气质和风度。如果一个人"站无站相""坐无坐相"，即使相貌再漂亮也会大打折扣。外表相貌是天生的，而体姿则可以通过后天的训练向理想姿态转变。

体姿语由两部分组成：一是指说话双方的空间距离，二是指各种不同的身体姿势。这里主要讨论体姿语运用的总体要求：准确、适度、自然、得体、和谐、统一。

一、坐着说话的态势语

坐姿语就是通过各种坐的姿势来传递信息的语言。坐姿包括就座和坐定的姿势。入座时要轻而缓，走到座位面前转身，轻稳地坐下，不应发出嘈杂的声音。女士应用手把裙子向前拢一下。坐下后，上身保持挺直，头部端正，目光平视前方或交谈对象。腰背稍靠椅背，在正式场合，或有尊者在座，不能坐满座位，一般只占座位的2/3。两手掌心向下，叠放在两腿之上，两腿自然弯曲，小腿与地面基本垂直，两脚平落地面，两膝间的距离，男子以松开一拳或二拳为宜，女子则不松开为好。非正式场合，允许坐定后双腿叠放或斜放，交叉叠放时，力求做到膝部以上并拢。

无论哪一种坐姿，都要自然放松，面带微笑。在社交场合，不可仰头靠在座位背上或低头注视地面；身体不可前俯后仰，或歪向一侧；双手不应有多余的动作；双腿不宜分开过大，也不要把小腿搁在大腿上，更不要把两腿直伸开去，或反复不停地抖动。这些都是缺乏教养和傲慢的表现。

在交流中，选用什么样的坐姿，要受语境的限制，我们要根据场合选用适当的坐姿。运用正确得体的姿势语言可以增强有声语言的表达效果，甚至在不便说、不愿说的情况下，可以收到"无声胜有声"的效果。

一个人的坐姿是其修养和个性的体现。得体的坐姿可以塑造说话者的良好形象，否则就会让人反感。从这一点看，也可以说是"坐如其人"。

二、站着说话的态势语

立姿也叫站姿，立姿语就是通过站立的姿态传递信息的语言。从一个人的站姿可以看出一个人的状态，有很多人站立时喜欢用一只腿作支撑，这是一种十分放松的状态；有的人喜欢倚靠在什么东西上。然而这些都不是在正式场合运用的站姿，会让人感觉你态度松懈、不礼貌。因此，我们在站立时一定要注意脊背挺直，目光平视，表现出愉悦、自信的感觉。

站立是人们生活、工作及交往中最基本的举止之一。正确的站姿是站得端正、稳重、自然、亲切。上身正直，头正目平，面带微笑，微收下颌，肩平胸挺，直腰收腹，两臂自然下垂，两腿相靠直立，两脚靠拢，脚尖呈"V"字形。女性两脚可并拢，肌肉略有收缩感。如果站立过久，可以将左脚或右脚交替后撤一步，但上身仍须挺直，伸出的脚不可伸得太远，双腿不可叉开过大，变换也不能过于频繁。站立时，如有全身不够端正、双脚叉开过大、双脚随意乱动、无精打采、自由散漫的姿势，都会被视为不雅或失礼于人。

可以把立姿分为庄重严肃型、恭谨谦虚型、傲慢自负型和无礼粗鄙型。在这四种不同的形态中，傲慢自负（一般是双手交叉在胸前，两脚向外分开，斜倚式站着，目光睥睨）和无礼粗鄙（通常表现为歪斜着身子，一腿在前，一腿在后，或交叠着双膝站着，抖动着脚尖），对于一个有教养、有身份、善于交际的人来讲，上述动作都是应该尽量避免的。一个人处在场合，不管对方的态度如何，也不管交际是否顺利，都要时刻注意自己的形象，不能失礼。

三、走时说话的态势语

步姿语或者说是走姿语，就是通过行走的步态传递信息的语言。与坐姿语和立姿语不同，步姿语是动态的，所以要放到动态中来研究。

比如，某经理在礼堂作年终总结报告，宣布年终奖励名单，念到了某个职员的名字，这时，大家催促他上台领奖。该职员从座位上走出到领到奖品，这个过程大概需要变化运用三种步姿，即由最初的稳健自得型到自如轻松型，再到庄重礼仪型。正是因其步姿的变化，适应了交际需要，给人们留下了良好的印象。

下面简要介绍一下上面提到的三种步姿的类型。所谓稳健自得型就是行走的时候，步履稳健，昂首挺胸，仰视阔步，步伐较缓，步幅较大。这种步姿的含义是愉快、自得，有骄傲感；自如轻松型是指行走时心情轻松，步子的幅度适中，步速不紧不慢，上身直立，两眼平视，两手摆动自然。这种步姿的含义是自如轻松，比较平静；庄重礼仪型是指行走的时候，上身挺直，步伐矫健，双膝弯曲度小，步姿幅度和速度都适中，步伐和手的摆动有强烈的节奏感，眼睛正视前方。这种步姿的含义是庄重、热情、有礼。另外还要介绍一种沉思踱步型的步姿，即行走的时候，步子速度时快时慢，快的时候，步子比较急促，慢的时候，低视地面，缓缓徐行，或者偶尔抬起头来看一下。

一般情况下，只是要求人们行走稳健自如，步子不可迈得太大，双臂的摆动要与脚步相协调。每一步都要抬起脚来，鞋不要在地板上拖拖拉拉。女性的行姿要在稳重大方中略带矜持，切忌扭捏作态和矫揉造作。做到以上这些就是行走时的基本礼节了。

体态语总的应用原则：根据不同场合、对象和谈话目的、方式，选用不同的站姿、坐姿和步姿，以优美、高雅、自然、协调取胜，配合自然的有声语言，以获得理想的表达效果。

对肢体语言要有选择、有节制地应用，应准确、适度地配合讲话的目的，以达到最佳效果。此外，各种体姿语言还要相互配合，整体协调、连贯，从而表现出优美自然的风度美、气质美和韵致美，为他人塑造良好的个人形象。

指挥若定，关键时刻让手掌说话

在人类的历史上，张开的手掌从来都是同真实、诚实、忠诚和顺从联系在一起的。许多宣誓的场合都是宣誓人把手掌放在心口上。

一、双手平摊

将双手摊平，表示的是坦诚、真实，同时也能鼓励对方坦诚相待。当人们开始说心里话或说实话时，总是把手掌张开显示给对方。像大多数肢体语言一样，这一举止有时是无意识的，有时是有意识的，它都使人感到或预感到对方将要讲真话。相反，小孩在撒谎或隐瞒真相时总是下意识地将手掌藏在背后。

由此可见，与他人交谈时，你不时伸出双手摊开，能够使你显得诚实、可靠。有趣的是，大多数人发现摊开手掌时不仅不容易说谎，而且还有助于制止对方说谎，有鼓励对方坦诚相待的作用。

西方有心理学家断言：判断一个人是否坦率与真诚，最有效、最直观的方法就是观察其手掌姿势是否双手摊开。当人们愿意表示完全坦率或真诚时，就向人们摊开双手，说："没有什么值得隐瞒的，让我坦白地告诉你吧。"

经理们常常告诉推销人员，当顾客解释他为什么不买这个产品时，要看看他的手掌，因为只有张开手掌时，他才会讲出真实的理由。

二、手掌攥拳，伸出一个手指

伸出的手指就好像一个命令，迫使听话的人屈从于他。这样的姿势，最令人恼火。如果你习惯这样做，最好练习一下手掌向上和手掌向下的姿势，营造一种比较缓和的气氛，给别人留下较好的印象。

三、手掌下劈

手掌下劈，给人一种泰山压顶、不容置疑之势，使用这种手势的人，一般都高高在上，高傲自负，喜欢以自我为中心，他的观点不容许他人轻易反驳。伴随着这个动作，他的意思是"就这么办""这事情就这样决定了""不行，我不同意"，等等。

日常生活中，我们也常遇到一些领导，在讲话时为了强调自己的观点，把手掌往下劈。每当这个时候，听众最好不要轻易提出相悖的观点，即使提出，对方一般也不会轻易采纳。平常与同事或朋友三五成群地争论问题，有人为了证明自己的观点而否定别人的观点，也常用这种手势打断别人的话。善于识别这种手势语言，有助于我们为人处世时采取适当的姿态。

四、手掌上扬

手掌上扬，代表着赞同、满意或鼓舞、号召的意思，有时候也用以打招呼。

演讲或说话时手掌上扬，最能体现个人风格，表明演讲者或说话者是性格开朗、豪放、不拘于形式的人。

手掌上扬，是一种幅度比较大的手势动作，容易使人产生比较鲜明的视觉形象，引起人们对于形式美的富于社会内容的主观感受。有人描绘法国前总统戴高乐："当他进行公开演讲时，他的习惯动作是两臂向上，其目的只是为了强调他的讲话。有时他举着双手，挺直的上身从桌上伸出俯向听众，好像要把演说者的坚定信念注入听众的心坎上。"

总之，手掌上扬，是一种能显示出个人特点、很受人欢迎的手势，可以塑造出一种豪放、大度、有号召力的语言能力。

五、攥紧拳头

一般情况下，在庄重、严肃的场合宣誓时，必须要右手握拳，并举至右侧齐眉的高度。当某人在演讲或说话时，捏紧拳头，则是向听众表示："我是有力量的！"但如果是在有矛盾的人面前攥紧拳头，则表示："我不会怕你，要不要尝尝我拳头的滋味？"攥紧拳头显示的是一种果断、坚决、自信和力量。平时我们听人演讲或见人讲话时攥紧拳头，则证明这个人很自信，很有感召力。

动静相宜，演讲时的态势语

一般而言，演讲除了靠好的语言功底，还要辅以美的演讲态势语。态势语包括仪表、姿态、神情、动作等方面，是演讲者立与坐、眼神、手势、身体动作、步伐移动等的综合反应能力。所谓演讲，讲是有声语言，给人以听觉形象；演则是无声语言，给人以视觉形象。俗话说："花好还要绿叶扶。"如果说，有声语言是红花，无声语言就是绿叶。光"讲"不"演"，或光"演"不"讲"，都不能构成演讲之美。只有动静相兼，将两者有机融合起来，才能构成完整的演讲，也就是说，唯声、色、姿、情相得益彰，方能称作上乘的演说。

演讲者的风度、仪表、神态，应给观众留下最佳的"第一印象"。心理学理论"晕轮效应"认为：一个人给别人的第一个印象往往是人们对其作出判断的依据。如你见到一个人衣着整齐合体，表情自然，则会认为此人做事细心，有条有理，进而认为这个人一定有责任心，你就必然会在心里产生最初的中意的感觉，并且还会联想到他会有这样或那样的能力。倘若一个人给你的最初形象是衣冠不整，嘴里骂骂咧咧，你定然会对其作出缺乏道德观念的结论，甚至还会联想到此人的其他缺点。

一次，心理学家雪莱在莫萨立斯特大学挑选了68个自愿者参加实验，这些应试者在外貌、口才及对事物的理解、判断能力上都挑不出毛病，但仪表、风度却大不相同。68人分别征求四位素不相识的过路人的意见，以期望得到他们的支持。结果表明，风度翩翩者较之仪态平平的对手，可以获得更多的支持。

登台讲演时，仪容不能不修边幅，不要穿着随便，而要整洁、大方、有风度，但也不能过分打扮。服装应该同自身身份相称，不宜过于奇特。

"峨冠博带话务农"，必显得滑稽可笑；"蓬首垢面谈诗书"，则有失风雅。要针对特定的演讲环境来决定演讲时自身的仪表、衣着和态势。演讲者的外部表象即仪表、衣着、态势，这些是被听众直接感受的，它对演讲的效果乃至成败会有直接的影响。据一般的社会心理分析，听众往往会将演讲者的仪表、衣着、态势与自己的仪表、衣着、态势相比较，以自己的仪表、衣着、态势作为评判演说者的标准。所以演讲者要尽可能将自己的仪表、衣着、态势与听众接近或一致起来。如果是在高雅的宴会上，听众衣冠华贵，而讲者衣衫不整、举止粗俗，就难登大雅之堂了。而在沸腾的工地、繁忙的田野，如果你西装革履地登台，就会在心理上与听众产生距离。

美国口才训练专家桑迪·林弗说："凡演讲百分之九十九都无需拿讲稿。一个人拿起讲稿来读'话'时，人们对他相信的程度也随之降低了。听众越是感到你在与他们交谈，你演讲的效果也就越好。"由此可见，演讲时拿不拿演讲稿，也是一个人演讲形象好坏的关键。当然，如果朗诵讲稿不行，即使你能顺畅地背下讲稿也是不行的。因为演讲大厅正像运动场一样，是一个剧烈变化的动态系统，听众情绪、会场气氛都有变化的可能，有时还会发生意外的事件，这就要求演讲者有即席调整的应变能力，如果一切都照固定的程式，按部就班地"背诵"，一旦遇到意外事件，就难免会手足失措，碰壁失败。

　　心理学家认为：人的注意具有指向性的特点。当大脑皮质的某一个兴奋中心的刺激得到加深时，注意的指向性就愈来愈强。就是说，人对某事物的注意越集中，对别的事物的注意必然就会减少。所以，演讲者在临场前要"装点"自己的仪表和风度，就必须脱离演讲稿免受其影响。另外，上场时，要保持安然自若的神态、坚定有神的目光。这样使听众在"第一印象"中，就加深了视觉形象的刺激，从而让人们注意的指向性得到强化。

　　演讲者的神态要自然大度，神态即面容表情和举止姿态。面容表情中应注意以眼传神和以笑达意。眼神可以表示种种复杂的感情，笑意能传达各种心理信息。用得巧，无疑会使讲话增色、添彩。要使讲话得心应手、遣使自如，甩开讲稿当是上上之策。

　　简单地讲，精心准备讲稿是必要的，但是上台照本宣科就太令人乏味了。所以，身为领导者在演讲之前应将演讲稿烂熟于心，演讲时既以它为依据，又不受其束缚，便能收到良好的演讲效果。

声情并茂，领导讲话的表情语

面部语言是指人们通过面部来表达思想感情的身体语言的一种，它是凭借眼、眉、嘴，以及面部肌肉的变化等体现出来的，内容极为丰富。生理学家的研究表明，人的面部肌肉组织是由24双肌筋交错构成的，其中有 6 双通过舒展来表示愉快的感情，有18双则用来表示不愉快的感情。这种面部肌肉组织所产生的感情表现，不受国界、地区、人种的限制，是对于任何社会的人都通行的交际手段。因此，面部表情在面对面的口语交际中，就成为心灵的屏幕，能够辅助有声语言传递信息，沟通人们的感情。这对于提高口语表达效果是很重要的。正如蔡特金的回忆所说，列宁讲话时"不但每一个字都是从他心里发出来的，而且面部的表情更加强了那种感觉"。而已故美国记者根宝更是在他写的《回忆罗斯福》一书中说："在短短20分钟之内，他的面部表情有稀奇、好奇、伪装的吃惊、真情的关切、担心、同情、坚定、嬉笑、庄严，都有超绝的魅力，但他不曾说过一个字。"

因此，凡是有经验的领导者，总能恰如其分地巧妙运用眼神与有声语言，去表达千变万化的思想感情，去调节交际现场的气氛。法国前总统戴高乐在作公开演说和电视讲话时从不戴眼镜，说是要同法国人"眼对着眼"地讲话，因为他对眼睛交流思想感情的作用极为重视。今天，也有不少领导者在和人交流时，不仅倾听对方的谈话，而且眼睛适当地看着对方，从而给对方一种受到尊重、受到重视的感觉，这样的谈话一般都会收到良好的效果。但也有不少领导，讲话时两眼死盯着讲稿，谈话时两眼或仰望天花板，或左顾右盼、东张西望，使人感到他"目中无人"，不知他心里在想着什么，这样的效果自然不会好。

苏联作家费定在《初欢》中写道："眼睛会发光，会发火花，会变得像雾一样暗淡，会变成模糊的乳状，会展开无底的深渊，会像火花和枪弹一样投射，会质问、会拒绝、会取予，会表示恋恋之意……"在不同的场合运用不同的眼神可以传达不同的信息，交流不同的思想感情。

在有较多听众的场合，可以采用环顾或虚视的眼神。环顾就是视线有意识地自然流转，环顾全面。它可以同所有听者保持眼睛的接触，使每个听者都感觉你看到了他，从而增强相互之间的感情联系，提高他们参与说话的兴致。同时，这种方法还可以使说话人通过多角度的视线接触，全面地了解听众的心理反应，以便随时调整自己的话题。当然环顾要自然适度，速度应适当放慢，不能说话时眼睛老是频繁乱转，那样会分散听众的注意力，还会使人感觉你心不在焉、目空一切。而所谓的虚视是指目光似看非看，好像在看什么地方、什么听众，实际上什么也没看，其范围一般在听众的中部或后部，可用以调整、消除飘忽感或呆板感，还可以消除说话人的紧张心理，帮助说话人集中精神思考讲话的内容。

罗曼·罗兰曾说："面部表情是多少世纪培养成功的语言，比嘴里讲的更复杂到千百倍的程度。"其之所以这样说，是因为面部表情是人类表示内心情感的最敏感的身体语言。事实上也正是如此，特别是领导者在使用身体语言时，最纯熟的莫过于微笑。当一张笑脸摆在下属和同级面前时，他们几乎很快会把它判定为友好的表示，立即就使双方之间的关系近了许多。

大多数领导者平时总喜欢面带微笑，这种面部表情告诉人们："来吧，我们是朋友。"当然，由于性格的差异或其他原因，有的领导者却总是表情严肃，不苟言笑，比如夏尔·戴高乐。尼采认为，由于发笑是使人们能够容忍生活磨难的唯一途径，所以人们才笑。

但是，仅仅注意到笑的作用是不够的，还应当做到两点：一是要真笑，而不是假笑；二是把握好笑的时机和方式。

领导者在工作谈话中，一般要以微笑作为基调。因为微笑是一种恰到好处的可控性的笑容，它能使人觉得和蔼、可亲、文明，是仪表的一个构成要素。此外，笑容也反映了一个人的文化修养水平。因此，身为领导者需要不断提高文化情操的修养，使笑容反映出美好的心灵。

面部表情除了包括起主要作用的眼神和笑容外，还包括眉部的紧皱和舒放、嘴部的变化等。总的说来，谈话时面部表情应该诚恳坦然、轻松友好，而不应该摆出一副盛气凌人的样子，也不应显出自负、自矜的面孔将听者拒于千里之外。此外，你的表情还应落落大方、自然得体，是由衷而发的。有些领导再与别人交谈时，往往拿腔作势，面无表情，以表现自己的尊严，显示自己的权威。岂不知这样一来，反而损害了自己的尊严和权威。

面部表情语言既然是人们心理活动的寒暑表，那么，领导者在领导活动的过程中，更应注意运用它。一方面，要注意准确、贴切地用自己的面部语言艺术来反映自己与下级同乐、同忧的感情，把自己的某些意图传达给下级，从而使自己的面部语言艺术更好地为实现领导目的而服务；另一方面，要善于察言观色，通过下级表现出来的面部语言来把握下级的心理、性格、情绪，以便有针对性地开展工作。

第六章

员工挨说也会拥护你
——好领导批评时也让人舒服

每一个优秀的领导都很讲究批评的艺术，在任何情况下，"批评"二字都不会轻易说出口。他们在批评别人之前总要提前想好被批评者内心的感受，从而想到最容易被其接受的方法。如果你面对的是比自己强大的对手，就更应该谨慎地选择批评的方法，掌握批评的技巧，让人在受到批评时仍然心悦诚服。

及时纠错，好领导必备纠错法

常言道："人非圣贤，孰能无过？"人都免不了会犯这样或那样的错误，且人们犯了错误都很难及时醒悟，甚至不愿承认。这样，就有必要有人对他人的错误及时给予纠正，而纠正他人的错误又是一种得罪人的事。

小黄刚到公司上班的第一天，晚上加完班，老板提出，为了犒劳大家，请大家去唱歌，小黄和部门同事兴高采烈地接受了邀请。进了包房，小黄很自然地在离自己最近的一个沙发上坐下了。老板进来后，发现沙发已经被坐满了，就顺势坐在小黄身边的一把椅子上。

过了半个小时，老板离开了。小黄万万没想到，老板一走，其乐融融的气氛大变，室温仿佛骤然下降了十几度。一个男同事语气激动地指责小黄："你这人怎么这么没眼色？老板坐在你旁边，都不知道让个座？真是太不懂事了！"

长这么大，小黄从没被人这么大声训斥过，尤其是还当着全体同事及KTV服务生的面。她的脸一下子红到了脖子根，委屈的眼泪也忍不住在眼眶里打转转，心中不禁无限懊恼："啊，自己怎么就缺根筋呢？老板以后会怎么看自己？"

这位男同事的初衷可能是想教小黄在职场上如何做人，但说话方式不太恰当，不仅让小黄尴尬，还破坏了当时的气氛。其实，如果他先主动给老板让座，别人看在眼里，自然能心领神会，效果不是更好？

并不是每个人都很乐意倾听他人的批评，接受他人的批评。有的人做错了事，不但不会坦然地承认，反而还会找出种种理由为自己的错误辩护。从人的心理来看，即使是极小的疏忽或错误，也不可能每个人都能在一经指正之后就坦率地、不作解释地承认。但是，现实生活中，无论父子、兄弟、上下级、同事，还是知己、朋友，绝对不批评别人是不可能的，也是行不通的。

那么，在纠正他人的错误时应该采取什么样的说话方式易于为对方所接受呢？以下方法可供参考。

第一，对人要具有极大的同情心，这样我们就不会对人吹毛求疵，就会对其产生错误的原因加以谅解。我们应该时刻想着自己是与对方站在一边的，而不是和他敌对的。

第二，说话要温和、委婉，不可用刺激的或使人听了不舒服的字眼。如果你说话令人无法忍受，那么即使对方嘴上服气，心里也是不会服气的。

第三，纠正他人错误的言语越少越好，最好能一两句就使对方明白，然后转至其他话题，不可啰唆没完，使对方陷于窘境，对你产生反感。

第四，别人做错了事情，我们对其不妥之处固然须加以指出，但对其可取之处更须极大地赞扬。这能使对方保持心理平衡，心悦诚服。

第五，改变他人的意见时，最好能设法将自己的意见不知不觉地移植给他，使他觉得是他自己改正了，而不是因为受了我们的批评而改正的。

第六，对于别人出现的不可挽回的过失，我们应该站在朋友的立场上，给予恳切、正确的指正，使他知过就改，而非对其施以严厉的责问。

第七，纠正别人过错时切忌采用命令的口吻，最好采用请教式的语气。

第八，旁敲侧击、隐晦地指出别人的错误，以保留对方的自尊心，使他自觉地改正过失。

当然，纠正错误的方法还有很多，但都不外乎讲究策略。只要我们做到了这一点，就能成功。

语出得体，批评的"五项注意"

如果你准备批评别人，要注意以下五个方面。

一、注意场合

批评时应考虑时间、场合和机会。假设一位管理者带着部下到顾客那里去访问，当管理者发现部下在言谈举止上存在问题时，就不能当着顾客的面提出批评。这时候，最重要的还是要用高明的谈话技巧，把部下的缺点掩饰过去。当没有旁人的时候，在车上或回程的路上对部下提出批评，才是明智之举。

二、对事不对人

有人批评人时总是说："从你做的这件事就能看出你这个人怎样。"这是批评之大忌。批评别人时，只能针对事情，而不能针对个人的人格、品性来说话，要拿事来说人。

比如可以这样说："小姜，根据往常的经验，我知道你不至于犯这种错误，是不是有什么原因让你这次没有作好充分准备？"这种气氛有助于让对方意识到你不是在攻击他的人品，不是批评他这个人，而是批评他的某项工作或某件事情。你把批评指向他具体的工作，就无损他的整体形象。这种批评建立在友好的气氛中，能使对方感到无拘无束并欣然接受。用这种方法，在指出他人错误的同时实际上是夸奖了他，使他得以重新树立自我形象。

三、先赞扬，后忠告

批评的最终目的不是要打击对方，不是整人，而是为了帮助他成长；不是去伤害他的感情，而是帮他把工作做得更好。

有的成功人士之所以善于运用批评，就是他们能采取先扬后抑的方式。比如："小张，你的调查报告写得不错，你肯定下了不少功夫。同时，还有一个重要的问题你要注意……""小李，自从你调到这个单位，表现不错，对你取得的成绩，我非常赞赏。就是有一点我觉得可以做得更好，我也相信你一定愿意改正……"如果对方需要得到忠告、批评，要从赞扬其优点开始。这种方式就好像外科医生手术前用麻醉药一样，病人虽然有不舒服的感觉，但麻醉药却能消除痛苦。

从赞扬开始，以忠告结束批评，问题也解决了，感情也没受到伤害，真是奇妙的方法。

四、缩小批评的范围

人们犯错时，最受不了的是大家对他群起而攻之，因为这会极大地伤害他的自尊。他也许会承认错误，但无法接受这种批评方式，这将使他对领导、对同事充满敌意。

如果我们希望自己的批评取得效果，就绝不能使别人反对自己。我们的目标是取得一些好的效果，或者使对方回到正确的轨道上来，而不是去贬低他的人格。即使你的动机是高尚的、真心诚意的，也要记住，对方的感觉也在起作用。当其他人在场时，哪怕是最温和的方式也可能引起被批评者的怨恨，不论是否辩解，他已感到他在同事或朋友面前丢了面子。对于一些过失，只要他认识到错了，就没有必要当着众人的面要求他作出公开检讨，而只要在你的办公室里面对面跟他谈，就足以使他反省了。任何具有上进心的人都不愿犯错误，从他个人的角度来说也是如此，何况我们的目的只是为了让他改进工作，而不是贬低他的人格。

五、不要新账、旧账一起算

话说三遍淡如水。要想对一个已知的过错引起注意，一次提醒就足够了，批评两次完全没有必要，而三次就成了纠缠。如果你被引发提起过去不愉快的事，或改头换面地重谈过去已犯的错误——揭人疮疤，就会令人不舒服。除非他又重犯类似的错误，否则，他就会认为你对他抱有成见，或者别有用心。要记住批评的目的是，使这方面的工作得以改进，以期顺利完成任务。一旦这种错误得到纠正和解决，就忘掉它。一次批评，一次提高。当对方接受批评，取得了一定的进步时，他就已经在新的起跑线上了。

批评不是存款，时间越久，利息越多。总是翻阅别人的老账，唠叨个没完，对做事没有丝毫的帮助。批评别人时，宜就事论事，不要新账、旧账一起算。在交谈结束时，说几句"我相信你会从中吸取经验和教训的"诸如此类勉励的话，就会让人觉得这不是有意打击，而是变失败为成功之母，不失为一次有益的经验。这样想过之后，他会鼓起精神，更加踏实地投入工作。

令人心服，批评的"四项掌控"

怎样做到批评也能使人心服口服？我们在批评时该说些什么，又该怎么说呢？这就涉及批评的内容。一般来讲，常见的批评内容有以下四项：

一、批评要有针对性，掌控批评的对象和目的

批评之前要认清批评是针对哪种行为的，不要把话说得太笼统，避免使对方无端受到冤枉或产生猜疑。如某大学的一名班干部要批评一位同学，可有两种说法：

1.你怎么一点也不关心集体？

2.你已经有两个月没做值日生了。

我们可以比较一下，这两个都是批评句子。

第一句说得太笼统，而且把对方说得一无是处，全盘否

定了他这个人。说话笼统，自然不够确切。对方可举例反驳："我怎么不关心集体了，上次秋游活动我不也参加了吗？那天班级拔河比赛，我不也在啦啦队里吗？"这样一来，就会引起新的矛盾。

第二句就比较好，没有用"一点也"这样绝对的话，就事论事，向对方指出一件确有其事，又是不应该的行为。受批评的人不认为是受了不公平的攻击，就容易心平气和地接受意见。

二、衡量改正的可能性，掌控批评的对象特征

如果在公共汽车上有人踩了你一脚，如果你的未满10岁的女儿把饭碗打破了，这些事应不应批评？这些事都不能动辄批评。别人踩了你，是因为公共汽车太拥挤；女儿打破碗是因为不小心，对这些都应采取宽容、安慰的办法。

认清了要批评的那件事，在批评之前还必须衡量一下对方是否有能力、有条件改正到你所要求的程度。

美国著名职业篮球明星巴特利的个人篮球技术是非常出众的，但他对别人的失误就缺乏宽容，见同伴失了一个球，就怒气冲冲地冲着对方说："每次都是你，害得我们输了球。"凡与巴特利同队一起打球的人，都觉得他"老是在批评别人，

像一位完人一样看不惯别人"。最后，巴特利众叛亲离，凄凉地隐退了。巴特利这种批评是不明智的，他应该自问："我是不是也有责任？何况人家已尽了力，怎么能拿别人当出气筒呢？"这样一问，就会知道自己批评不妥，以后遇到这种情况，批评的话就不会冲口而出了。

三、指出"错"时也指明"对"，掌控批评的分寸

大多数的批评者是把重点放在指出对方"错"的地方，但却不能清楚地指明应该怎么做才是"对"。被批评者必须仔细想过后，才能明白你究竟要对方怎样做，该怎么把话说出来。有的人批评人家说："你非这样不可吗？"这是一句废话，因为没有实际内容，只是纯粹表示个人不满意。又如一位丈夫埋怨妻子说："家里一团糟，又有客人要来，你怎么只管坐在那儿化妆？"这种话也不会起作用，它只说了一半。到底期望妻子怎样做，一句也没有提。正确的表述应该这样："客人要来了，你帮我去买点青菜和水果，然后将客厅里的报纸收拾一下，好吗？"

说明要求人应做的事，其实是指示对方改正的方向，让对方从另一个角度来接受批评的内容。一位车间主任批评一位青

年工人说："你最近比较散漫。"青年工人听了手足无措，并不清楚主任想要表达的是什么。其实，车间主任该说清楚工人散漫具体是指上班迟到，还是没有参加技能培训等。

另外，为提高批评的效率，应该"不说我们不满意的，只说我们赞成的"，这样可以起到积极的作用。例如，一位刚刚搬到新宿舍区的青年人向居民委员会的主任提意见，抱怨这儿摩托车保管站的服务态度太差劲。这位主任及时地把意见转告给保管站的保管员。几天以后，这位青年人又送摩托车到保管站，保管员笑脸迎接，主动把他的摩托车安放好，还问他有什么要求，这位青年大为感动。事后他才知道，居委会主任向保管员说："新来的青年人对你的服务特别满意，还要感谢你。"秘密就是这样。

"真正懂得批评的人着重的是'正'，而不是'误'。"这是英国18世纪著名评论家约瑟·亚迪森的名言。

四、"你懂得我的意思吗？"掌控听者的反应

批评人的话语，一定要让受批评者听懂，否则只是对牛弹琴。常常听到夫妻俩之间的埋怨："我们俩总合不到一块儿。"这句最普通的埋怨话，可能被对方误认为是要"离婚"。

如果要求证对方是否听懂你的意思，最简便的方式就是问一问："你懂我的意思吗？"然后听听对方口中说出来的是否是你的本意。可惜大多数人都忽略了这一点。

问一问对方是否同意你的看法，也是批评别人时可以采取的沟通方式之一。能开口问，起码排除了对方沉默、生闷气的可能，如能坦然地提出异议，解决问题就有希望了。因为能明白对方还有哪些问题未想通，或自己有什么讲得不准确的，以此作更深的探讨。

含蓄委婉，批评的"十种方式"

行动失误，办了错事的人，常有保卫其自我尊严的倾向，如果有人再以权威者的姿态出现，指责他的想法不够高明，行动不够周密，他的尊严将更加感受到威胁。这时防卫倾向会更加增强，充耳不闻是极自然的反应。有鉴于此，我们在说别人的时候就要多加注意，不要轻易让"你错了"说出口，尤其是不要强迫人家当面承认错误，而是采取一些温和委婉的方式，巧妙地暗示他错在哪儿。

批评有以下十种方式。

一、安慰式批评

年轻的莫泊桑向著名作家布耶和福楼拜请教诗歌创作。两位大师一边听莫泊桑朗读诗作，一边喝香槟酒。布耶听完说："你这首诗，句子虽然疙里疙瘩，像块牛蹄筋，不过我读过更坏的诗。这首诗就像这杯香槟酒，勉强还能吞下。"

这个批评虽严厉，但留有余地，给了对方一些安慰。

二、暗示式批评

某单位工人小孙要结婚了，工会主席问他："小孙，你们的婚礼准备怎么办呢？"小孙不好意思地说："按我的意思简单点，可是我妈说，她就我这一个女儿……"主席说："哦，咱们单位还有小许、小吴都是独生女啊！"

这段对话双方都用了隐语。小孙的意思是婚礼无法不操办，而主席则是通过暗示的方式告诉她别人也是独生女，但能新事新办。

三、模糊式批评

某单位为了整顿劳动纪律，召开员工大会。会上，领导说："最近一段时间，我们单位的纪律总的来说是好的，但也有个别同志表现较差，有的迟到、早退，也有的上班时间聊天……"这里，他用了不少模糊语言："最近一段时间""总的""个别""有的""也有的"等。这样，既照顾了别人的面子，又指出了问题。

这种说法没有指名实际上已是指名，具有某种弹性，通常比直接点名批评的效果更好。

四、请教式批评

有一个人在一处禁捕的水库内捕鱼，远处走来一位警察，捕鱼者心想这下糟了，少不了要挨一顿骂。警察走近后，出乎意料，不仅没有大声训斥，反而和气地说："先生您在此洗网，下游的河水不就被污染了吗？"这情景令捕鱼者十分感动，连忙诚恳地道歉。

若是警察一味地责骂他，那效果肯定就不一样了。

五、表扬式批评

有位棒球教练在纠正选手时，不说"不对"，却说"大致上不错，但如果再纠正一下……（具体做法）……结果会更好"，他并非否定选手，而是先加以肯定再修正，也就是说先满足对方的自尊心，然后再提高目标。

六、比喻式批评

有一位化学老师当堂批阅学生的化学实验报告，见一位女同学所画的实验方案很糟糕，便把学生叫到身边，调侃地说："你看你画的这个烧杯，像个手雷似的！你还用酒精加热呢，要是爆炸了，不是要了我的老命吗？"女学生听了，不好意思地笑了笑。之后，她严格地遵循画图程序，并用上了各种画图工具，不再信手乱画了。

这位老师没有直接批评该学生的画图态度，而是用比喻进行提示，诙谐风趣，自然容易被学生所接受。

七、启发式批评

批评是针对对方的错误而言的，错误的改正还是"内因"起决定作用，而批评者的"外因"只有一定的辅助作用，对方从根本上改正错误还要靠自己的"良知"。所以，高明的批评者总是逐渐地"敲醒"对方，启发他进行自我批评。

八、幽默式批评

这种批评的特点是以不太刺激的方式点到被批评者的要害，含而不露，以缓解被批评者的紧张情绪，启发被批评者的思考，增进相互间的感情交流，使批评不但达到教育对方的目的，同时也能为双方创造轻松愉快的气氛。

九、迂回式批评

作家班奇利在一篇文章里谦虚地谈到他花了15年时间才发现自己没有写作的才能。结果一位读者来信对他说："你现在改行还来得及。"班奇利回信说："亲爱的，来不及了。我已无法放弃写作了，因为我太有名了。"这封信后来被刊登在报纸上，人们为之笑了很长时间。

事实上班奇利的作品闻名遐迩，但他没有直接指责那位读者。他以令人愉悦的、迂回的方式回答了问题，既保护了读者的自尊心，也保护了自己的名誉。

十、三明治式批评

美国著名企业家玛丽·凯在《谈人的管理》一书中写道："不要只批评而要赞美，这是我严格遵守的一个原则。不管你要批评的是什么，都必须找出对方的长处来赞美，批评前和批评后都要这么做。这就是我所谓的'三明治策略'——夹在大赞美中的小批评。"

接受批评最主要的心理障碍是担心批评会伤害自己的面

子，损害自己的利益。为此，批评者应该在批评前帮助被批评者打消这个顾虑。打消顾虑的方法就是将批评夹在赞美当中，也就是在肯定成绩的基础上再进行适当的批评。

第七章

员工被赞更会支持你
——好领导夸人总能瞅准时机

关键时刻，赞美可起到缓和气氛的作用，但你一定要做得不留痕迹，不要轻易逗笑，一定要保持诚恳、中性、自信的语气。心理学中有一种"暗示性赞美"，这种赞美恰好是人们爱被奉承的通病所需要的药方。任何人，当他受到来自他人的尊敬和信赖的时候，他都会从内心感到高兴，虽然明知道那是拍马屁，但听起来也会感到舒畅。自尊心越强的人，越会有这种倾向。

肯定性赞美，激发员工的上进心

赞美是一种鼓励，是一种肯定。赞美可以让平凡的生活变得充满魅力，赞美可以把世间不协调的声音变成美妙的音乐，赞美可以激发人的自豪感和上进心。

赞美的力量是无穷的。卡耐基说："历史是由会夸赞的人来做的令人心动的脚印，赞扬具有神奇的魔力，它不仅会带来欢乐更会带来无穷的力量。"

赞美激励法是管理者最常用的方法，它没有时间、地点、环境的限制，你可以随时随地对下属进行赞美。

韩国某大型公司的一个清洁工，本来是一个最被人忽视、最被人看不起的角色，但就是这样一个人，却在一天晚上当公司保险箱被窃时，与小偷进行了殊死搏斗。事后，有人为他请功并问他的动机时，答案却出人意料。他说只是因为公司的总经理从他身旁经过时，总会不时地赞美他"你扫的地真干净"。就这么一句简简单单的话，就使这个员工受到了感动，并"以身相许"。

　　很多管理者以为只有巨大的成就和功劳才值得赞扬，好像赞扬就一定要用"很好""不错"之类的话，而且在现实中还有不少的管理者显得很矜持。有的管理者心里其实也觉得员工做得很好，但总是开不了口来赞扬员工；有的管理者过度追求完美，哪怕员工出了一点小的差错都会被揪住不放，批评都避免不了，更别提要表扬了。

　　其实只要用心，表扬要比批评更加容易。因为任何事情都要一分为二地分析，好的方面总是比值得批评的地方多一些。因此，管理者们不妨热情一些，不要吝啬自己的表扬。发自内心的、真诚的赞美会感动对方的心灵！

　　国外一位著名的企业家说过这样一句话："如果我看到了一位员工杰出的工作，我会很兴奋，我会冲进大厅，让其他的员工都看到这个人的成果，并且告诉他们这件工作的杰出之处。"

　　美国企业家老托马斯·沃森对公司巡回管理时，每每见到下属们有创新和成就时，就当场开支票进行鼓励，并立即贴出告示予以公开表扬。

著名的管理专家鲍勃·纳尔逊表示："在恰当的时间从恰当的人口中道出一声真诚的谢意，对员工而言比加薪、正式的奖励或众多的资格证书及勋章都更有意义。这样的奖赏之所以有力，部分是因为经理人在第一时间注意到相关员工取得了成就，并及时地亲自表示嘉奖。"

把握好火候，赞美不可随心所欲

赞美别人要把握火候。身为一名领导在赞美下属时如不审时度势，不掌握一定的技巧，即使你是真诚的，也可能会变好事为坏事。就像煲汤，如果火候掌握得不好，那么再好的原材料也不会煲出味道鲜美的汤。只有火候掌握得好，赞美才会散发出最浓郁的香味。

在赞美上级的时候，更需要掌握赞美的火候。我们赞美身边的普通人，即使话语不得体也没有太大的关系，别人也不会把你怎么样。但是当我们赞美上级的时候，如果火候拿捏得不好，那么后果可能就会很严重，也许你一辈子都会郁郁不得志；但如果赞美得恰如其分，说不定就会使你加官晋爵。

在镇压太平军的行营中，一次，曾国藩用完晚饭后与几位幕僚闲谈，评论当今英雄。他说："彭玉麟、李鸿章都是大才，为我所不及。我可自许者，只是生平不好谀耳。"一个幕僚说："各有所长。彭公威猛，人不敢欺；李公精敏，人不能欺。"说到这里，他说不下去了。

曾国藩问："你们以为怎么样？"

众人皆低首沉思，忽然走出一个管抄写的后生，插话道："曾帅仁德，人不忍欺。"人人听了齐拍手。

曾国藩十分得意地说："不敢当，不敢当。"后生告退后，曾国藩问："此是何人？"幕僚告诉他："此人是扬州人，入过学，秀才，家贫，为事还谨慎。"

曾国藩听后就说："此人有大才，不可埋没。"不久，曾国藩升任两江总督，就派这位后生去扬州任盐运使了。

赞美别人，掌握尺度是最关键的。在你开口赞美别人的时候，一定要遵循以下法则：

一、真心诚意地赞美

每个人都珍视真心诚意，它是人际交往中最重要的原则。英国专门研究社会关系的卡斯利博士曾说过："大多数人选择朋友都是以对方是否真诚而定的。"

二、讲究场合，合乎时宜

赞美的效果在于相机行事、适可而止。当别人计划做一件有意义的事时，开头的赞扬能激励他下决心作出成绩，中间的赞扬有益于对方再接再厉，结尾的赞扬则可以肯定成绩，指出进一步努力的方向，从而达到"赞扬一个，激励一批"的效果。

三、赞美的话不能千篇一律，要有特点

人的素质有高低之分，年龄有长幼之别，因人而异、突出个性、有特点的赞美比一般化的赞美能收到更好的效果。

四、赞美一个人的行为或贡献比赞美他本人好

当你赞美一个人的行为或贡献时，你的赞许更显得真诚，而且，如果别人知道他的确值得被赞美，会获得更好的效果。

赞美行为比赞美本人更可以避免功利主义或偏见。

五、赞美要翔实具体

在日常生活中，人们有非常显著的成绩的时候并不多见。因此，交往应从具体的事件入手，应当善于发现别人哪怕是最微小的长处，并不失时机地予以赞美。赞美用语越翔实、具体，说明你对对方越了解，对他的长处和成绩也就越看重。

独辟蹊径，赞美他不为人知的优点

就算再差劲的人，也会有一两处值得赞美的优点。例如，一个人或许工作不努力，但玩台球的技术却很高明，或者酒量非常好，这些都可以加以利用。虽然有的人很在意自己的这些小优点，也有的人根本就不在意，但无论如何，别人赞美他，一定会使他感到高兴。

事实上，有时锦上添花式的赞美，引不起对方太大的喜悦。例如，对一位已被公认是很漂亮的女孩子说"你真漂亮"，她也不会太过惊喜。由于她平时已被夸赞惯了，所以很难让她觉得兴奋。相反，若能找出其不为人所知的优点，则往往可以使对方感到意外的喜悦，甚至带来意想不到的结果。

有一家商店生意非常兴隆，原因就在于他们店里的每一位店员都会不断地与购物的人聊天。他们除了会向客人打招呼之外，还不断地找客人的优点来夸赞。例如，他们会向一位太太表示，“你这件礼服很漂亮”，然后向另一位太太表示，“你的发型很好看”。他们虽然不断地赞美别人，但却是按每一个客人的不同个性来选择适当的赞美词。

很自然地，这些客人在潜意识中就会产生一种到这家商店购物的愉悦感，并且越来越喜欢光顾这家商店。

如果我们每次见面都被人夸赞，自然而然地会想再见到这位赞美我们的人，这是任何人都会有的心理。

因此，每次见面都找出对方的一个优点来赞美，可以很快地拉近彼此间的距离。

附近一间小小的理发室有两个师傅负责设计发型，一个小学徒专门负责洗头。老实说，很多人都同情那个瘦小的学徒，看得出她很想学发型设计，但由于工作繁杂，加上两位师傅态度冷淡，她只能默默地在肥皂泡沫中消磨她可怜的青春。

有一天，机会来了。新年前的一个月，两个师傅要求加薪不遂，一起辞职，一时请不到人，老板除了亲自上阵外，还给小学徒进行"速成训练"，另外再请个小工负责洗头。

来理发的人把这一切看在眼里。一日，一个顾客踏入店内，特地指定小学徒来为他做头发，小学徒受宠若惊，拿着吹风机的手在微微发抖。卷吹梳弄一小时后，朝镜一望：哎呀，那发型硬邦邦的，好似戴了一顶不合时宜的帽子！小学徒侍立一旁，眼巴巴地望着来理发的人，来理发的人却露了个笑容，说："梳得真不错呀，谢谢你！"

这个"善意的谎言"给这位少女带来了自信心。再去时，那位顾客依然指定由她服务，小学徒脸上有笑，双手不抖，卷弄梳理，极有韵致。照向镜子时，来理发的人不由得真心实意地说道："你梳得实在很好哩！"

小学徒脸若鲜花，灿然生辉。

虽然只是一句话，可在被赞美者的心里却形成了一种很大的力量，她会重新鼓起生活的勇气，她会因为这句赞美之词变得更加自信、完美和坚强。给予他人赞美吧，即使你认为那可能显得微不足道。

平实质朴，赞美之言从不刻意修饰

一位年轻母亲曾讲过一个令人心痛的故事：她的孩子常常因做错事而受到她的责备。但是，有一天，孩子一点错事都没有做。到了晚上，她把孩子放在床上，盖好被子，只见孩子正把头埋在枕头上，抽泣地问道："难道今天我没有做一个好孩子吗？""这一问就像电一样触动我的全身。"年轻的母亲说，"当孩子做了错事时，我总不放过纠正她，但当她极力往好处做时我却没有注意到，我把她放在床上时，连一句表扬、鼓励的话都没有。"年轻的母亲懊悔不已，从那以后她开始学会赞美她的孩子了。

请不要吝惜你的赞美，给予你爱的人毫无修饰的赞美，你会发现他们比从前更爱你。正所谓，"送人玫瑰，手留余香"。

一个自知面貌平庸的少女坠入情网之后，如果她的情郎反复在她耳畔低语："你那深邃的眸子，散发出如梦如幻的光彩，真是迷人极了。"最后她一定会容光焕发，相信自己拥有一对足以倾倒众生的明眸，美丽也当然会眷顾于她。

赞美无须刻意修饰，只要源于生活，发自内心，真情流露，就会收到赞美之效。但要更好地发挥赞美的效果，也需要注意以下几个要点。

一、实事求是，措辞恰当

当你准备赞美时，首先要掂量一下，这种赞美，对方听了是否会相信，第三者听了是否会不以为然，一旦出现异议，你有没有足够的理由证明自己的赞美是有根据的。

一位老师赞美学生们："你们都是好孩子，活泼、可爱、学习认真，做你们的老师，我很高兴。"这话很有分寸，使学生们既努力学习，又不会骄傲。但如果这位老师说："你们都很聪明，将来会大有出息，比其他班的同学强多了。"效果就大不一样了。

二、赞美要具体、深入、细致

抽象的东西往往不具体，难以给人留下深刻的印象。如果称赞一个初次见面的人"你给我们的感觉真好"，那么这句话一点作用都没有，说完便过去了，不能给人留下任何印象。但是，倘若你称赞一个好推销员："小王这个人办事的原则和态度非常难得，无论给他多少货，只要他肯接，就绝对不用你费心。"那么，由于你挖掘了对方不太明显的优点，给予了赞扬，增加了对方的价值感，因此赞美起的作用会很大。

三、赞美时要热情洋溢

漫不经心地对对方说一千句赞扬的话，等于白说。缺乏热情的、空洞的称赞，不但不能使对方高兴，有时还可能由于你的敷衍而引起对方的反感和不满。

四、赞美多用于鼓励

鼓励能让人树立起自信心。自信是成功的一半，用赞美来鼓励对方，能达到事半功倍的效果，尤其是在"第一次"。无论任何人干任何事情，都有第一次的时候，如果对方第一次干得不好，你应该真诚地赞美一番："第一次有这样的表现已经很不容易了！"别人会因为你的赞美而树立信心，下次自然会做得更好。

五、借用第三者的口吻赞美他人

赞美随时随地都能听见，面对面或直接地赞美对方，总有点恭维、奉承之嫌。若换个角度，换种说法，也许就好多了。你可以以"第三者"的口吻来赞美对方，说："难怪某某一直说你很不错，今日一见……"可想而知，对方一定很高兴。因此，当面赞扬一个人，有时会令人感到虚假，怀疑你是否出于真心，而间接地在背后赞美对方，会使对方感到你对他的赞扬是真诚的。

六、赞美要注意适度

过度的赞美、空洞的奉承，都会令对方感到难以接受，甚至感到肉麻、讨厌，结果适得其反。只有适度的赞美才会令对方感到欣慰。适度赞美要因人、因时、因事、因地而异，需要不断地摸索、积累，才能逐步掌握。

符合实际，赞美要避免"眼高手低"

赞美别人不光要慷慨大方，而且要有远见卓识。赞美要符合实际情况，称赞他人时如老用一些过激的形容词，就会因为言过其实而让人扫兴，要深入了解对方的能力、性格、经历、成果等，赞美起来才不至于空洞无物。另外，要善于称赞别人没有注意到的部分，因为经常称赞一件事会让人感到厌烦。总之，要使自己的赞美经受得住时间的考验，赞美就要具体、贴切、与众不同。一句话，赞美要有一定的高度。

清朝时，一名叫彭玉麟的官员，有一次路过一条狭窄的小巷。一个女子正在用竹竿晾晒衣服，一不小心竹竿掉下，正好打在彭的头上。彭勃然大怒，指着女子大骂起来。

那女子一看，正是官员彭玉麟，冷汗不禁冒了出来。但她猛然间急中生智，便正色地说："你这副腔调，像行武的人，所以才这样蛮横无理。你可知彭官员在我们此地！他清廉正直，假使我去告诉他老人家，怕要砍了你的脑袋呢！"

彭玉麟一听这女子夸赞自己，不禁喜气上升，而且又意识到自己的失态，马上心平气和地走了。

女子并非"当面"夸赞彭玉麟，却胜过当面夸赞他，说得彭玉麟心里美滋滋的：自己在民间居然有这么好的吏治声誉，实在不应该为这些小事而损害自身的形象。所以，他幡然醒悟之后，只好转怒为笑，心平气和地离开了。

要用长远的眼光去审视你所要赞美的人和事，不要搬起石头砸自己的脚。因为在日常生活中，"话音未落"式的尴尬状况并不少见，你刚夸他做事小心谨慎，他却冷不防捅个大娄子让你看。事情还没有完成之前，一定不要轻言赞辞。因为说不定就在最后关头，事情却宣告失败了。有些人见到事情成功在望，便禁不住大加赞叹，甚至夸下海口："这回肯定赢定了。"结果却失败了，岂不让人笑掉大牙。

因此，在赞美人的时候一定要做到"三思而后赞"。对于一些相对稳定的东西，如一个人的性格、习惯、容貌等称赞起来较容易，而一个人的行为、态度等，往往不容易琢磨，因此称赞时一定要小心。俗话说："一辈子做一件好事容易，但做一辈子好事就难了。"因为人迫于某种压力和需求，有时难免会做错事。因此，赞美一个人千万不要就事论事，否则一不小心，你就成了一位目光短浅的人了。

赞美别人要善于从小事着手，于细微之处见高下。注意赞美对方较不易为人知的优点。

一个人无论他再怎么差劲，也总会有一两个值得赞美的优点。例如，一个年轻的女孩子或许长相难看，但牙齿长得很漂亮，或者皮肤很白，等等。要善于抓住这些地方对其加以赞美。也许有的人根本不在乎这些小优点，但无论如何，你的赞美一定会使她心情愉快。

赞美别人需站在一定的高度上，充分发掘别人成绩的意义，并推测它将带来的影响。因为赞美一个人的行为和贡献比赞美他本人好，但一定要说中要害，这样你的赞美才会上品位、上档次。

赞美一个人的行为或贡献时，你的赞美不但要显得具体而贴切，还要让对方觉得特殊而真诚。赞美一个人的行为或成绩，还可以避免偏见或功利主义。

因此，在日常生活中，与其对一个人说"你真了不起"，还不如仔细阐述他所做的某一件事情所带来的巨大的社会效应或经济效益。赞美一个人的工作，会促使他工作时更加卖力；赞美一个人的行为，他的行为则会大有改善。但赞美的话必须一语中的，就像射箭一定要射中靶心。赞美别人的首要条件，是要有一份诚挚的心意和认真的态度。因此，赞美别人时，千万不要说出与事实相差十万八千里的话。例如，你千万不要对年老的妇女说："你看起来比我姐还年轻。"这样只会招来一顿臭骂。

诚恳认同，赞美每一次微小的进步

要成为有效的领导者，卡耐基告诉你一个原则："赞美最细小的进步，而且是赞美每一次进步，要诚恳地认同和慷慨地赞美。"

对于事业刚刚起步的员工来说，内心往往会感到异常艰难和孤独，在失意之时听不到一句鼓励的话语，成功时也没人向他们表示祝贺。在这个时候，新员工即使得到的只是片言只语的表扬，那也是令人兴奋不已的，从而也就更加坚定了信心，会努力把事情做好。

有些人以为，只有大的成功才值得去表扬，小成绩无足轻重。其实这种理解是片面的，这些人没有考虑人的内心欲求，特别是没有考虑到最初工作时的孤独与艰难。

当一个下属初次走上某个工作岗位时，他会对这里的环境很陌生，如果在做出一点小成绩时就得到了领导的表扬，那么他的信心一下子就树立起来了。

　　担任企业资源开发公司总经理的麦克斯·卡雷，在1981年创立以亚特兰大为中心的销售和市场服务公司时就经历过步履维艰的困窘。当时，他的手下只有一个临时雇员。按他的话说："大的成功离我们太遥远。我们几乎感受不到任何激励。"他想出了一个决定：每次获得一个小成功都要自己庆贺一番。

　　卡雷出去买了一个警报器，还配了扩音器，这样就能发出救护车的声音。如果他在电话中宣传自己的产品时能绕过培训部主管，直接与那家公司的总经理通话，就要鸣笛庆贺一次；如果收到一大笔订货，警笛也会鸣响。如今，他的公司已拥有100多万美元的资产和11名雇员。每个星期，警笛声大约要在公司内回荡10次。

　　每当知道有好消息时，大家都要出来听他们的同事对刚刚取得的成功吹嘘一番，这也为大家提供了互相交流的机会。卡雷说："我们的雇员经验还不够丰富，无法取得巨大的成功，所以这种庆贺也是一种很大的鼓励。"正是用这些小进步来临时地表扬和鼓励员工，卡雷的公司才取得了惊人的成绩。

请记住：要表扬每一个进步，不管这进步有多么微小。

人不厌"赞"，反复赞美更见奇效

称赞他人的时候，请不要提及会让赞赏打折扣的旁枝末节。请紧紧围绕"赞赏"这一主旨，主要谈论对方的成绩。记住，永远别忘记赞美他人，而且要不止一次地赞美。

但是许多人在称赞他人的时候都很容易犯一个严重的错误：把赞赏打了折扣再送出，不是给予百分之百的赞赏，而是画蛇添足地加上几句令人沮丧的评论或是削弱赞赏的话语。

尤其那些对杰出成绩的赞赏，总是和批评一起"搭卖"。成绩越突出，人们就越觉得自己有责任去"评论"而不仅是称赞成绩。他们无法忍受只唱赞歌，一定要多少挑出点缺憾来才罢休。

一位语言学家曾说："同样的音调或语句反复出现时，常具有感化人的力量。譬如林肯的名言'民有、民治、民享的政府'，倘若他仅为了提出一项政见，仅说'民主的政府'即可。但是，他三度强调'民'字，遂产生更深刻感人的效果。"的确，每个人听到这句铿然有力的话语时，都会情不自禁地加深自己对此种理想的政府的向往之情。而在每个人反复听到这样一句赞美的话时，他们也会被感动。

还要小心另外一种错误的观念，即以为打了折扣的赞赏会更真实可信，会更有分量。

不要自作聪明地指点同伴怎样做会更好，哪怕是生活小事。比如，"您做的菜味道真好，哪一样都不错，就是汤里的盐多了一点……"这种折扣不仅破坏了赞扬的效果，还有可能成为引起激烈争论的导火索。

有时你必须对某项工作作一次全面的总结和评论，这样一来，赞赏和批评就不可避免地要联系在一起。在这种情况下你也没有必要把优秀成绩打折，请把总结中的批评当作与赞赏相对立的独立部分。

别让对方的谦虚削弱了赞赏的作用。有些人很少受到表扬，所以听到别人称赞他时会不知所措；还有些人在收到称赞的时候想要表明取得优秀的成绩对他来说是家常便饭。这两种人面对赞赏的反应几乎一模一样："这不算什么特别的事，这是应该的，是我的分内事。"

听到对方这种回答的时候，你不要一声不响，此时的沉默表示你同意他的话，就好像对他说："是啊，你说得对，我为什么要表扬你呢，我收回刚才说的话。"

你应该再次称赞他，强调你认为这是值得赞赏的事，重复一次对他哪些方面的成绩特别看重，以及你为什么认为他表现出众。

还有人错误地把赞赏他人当成了自我表现的机会。他们以为能够通过打了折扣的赞赏来证明自己的"批判性思维能力"，从而也能出出风头，显出他们的理性和水平。比如，他们会说："您这一生中不断获得成功。不过有一回，那次金融风暴时您的公司日子也不好过，可话又说回来，谁都不会十全十美嘛……"

任何赞赏打了折扣，都会产生瑕疵，从而产生不必要的负面影响。它就像雪白的桌布沾上一块黑色的污迹，使人们偏离正题，求全责备。它破坏了赞赏的作用，使受赞赏的一方原有的喜悦之情一扫而空，反而是那几句"额外搭配"的非议让人难以忘怀。

第八章

领导与口才精彩案例与点评

古人说："三寸不烂之舌，强于百万之师。"本章以领导与口才的真实案例为写作的主体，向你展示了领导岗位说话之道的惊人力量，你既可以欣赏其中的精彩绝妙之处，也可以从中体会到自我提升的方法与路径。

IBM 对失败者的嘉勉谈话

美国IBM公司的一位高级经理，因为开拓新业务失败，给公司造成了1000万美元的损失。为此，他心里很难过，心想这次肯定要被炒鱿鱼了。有很多人都向董事长建议把他开除。

第二天，董事长把这个高级经理叫到了自己的办公室。出乎这位高级经理的意料，董事长并没有开除他，而是向他宣布了调任同级新职的决定。

高级经理惊诧地问董事长："为什么没有把我开除或降职呢？"

董事长微笑着说："如果那样做，我在你身上花的1000万美元学费不就都打了水漂？"

后来，这位高级经理发奋工作，为公司作出了巨大的贡献。

案例点评：

与失败者的嘉勉谈话，并不是鼓励失败，或者忘记失败，而是要鼓励下属从失败中学习，然后重新再来。给犯错误的下属一个机会，其实也是给下属创造了一个从失败中学习的机会。当然，同样的错误如果下属犯第二次，就不可原谅了。

丰田公司的"追问"法

1950年，丰田公司遇到了极大的困难，当时公司只有 2 亿日元的资产，已朝不保夕。此时，丰田喜一郎想到石田退三是个管理能手，于是"三顾茅庐"请其出山。终于，石田退三答应接替丰田担任总经理。

石田退三上任后到各车间、科室视察，最终发现了丰田衰落之源——浪费。

于是，石田退三立刻召集丰田中层以上的干部开会。会上，石田退三罗列了种种浪费现象，并请会计把账本打开让大家看看哪些是不合理的支出。

而后，石田退三针对浪费成风的现象提出了"杜绝浪费"的治厂纲领，并明确规定：凡是在杜绝浪费上做出成绩或提出好建议的人，就立刻受到表彰、奖励，甚至提拔重用。否则，就要立刻受到批评，严重者还会受到惩罚。同时还规定：所有管理干部都要走出办公室，到现场办公，一旦发现有任何明显的浪费现象，就要不断地追问"15个为什么"。

比如，当事人报告："保险丝断了。"则问："为什么保险丝会断？"答："因为掉进铁屑。""为什么让它掉进铁屑？""因为没有防护罩。""为什么没防护罩？""因为车间没有统一安排。"……

于是，立即由车间主任解决车床加罩问题，从而使这种停车造成的浪费永远不会再发生第二次。丰田绝不允许"重复错误"，如有必罚。但如果员工第一次出错，并能找到原因，杜绝浪费，反而会受到表扬。

从此，丰田开始由衰转盛，石田退三也成为日本的"管理之王"。

案例点评：

管理不是做表面文章，而是正视问题，并找到问题产生的根源。几乎所有的企业都会喊"杜绝浪费"这样的口号，但又有几个能找到每个浪费现象背后的根源，并加以一一杜绝的呢？这就是喊口号与重执行的区别。

雷鲍夫法则的八句金言

美国管理学家雷鲍夫提出：在你着手建立合作和信任时，你要学会使用你的语言，其中以下八句非常重要：

1.最重要的八个字是：我承认我犯过错误。

2.最重要的七个字是：你干了一件好事。

3.最重要的六个字是：你的看法如何？

4.最重要的五个字是：咱们一起干！

5.最重要的四个字是：不妨试试。

6.最重要的三个字是：谢谢您。

7.最重要的两个字是：咱们……

8.最重要的一个字是：您……

这一套沟通方法，被称之为雷鲍夫法则。

案例点评：

仔细观察雷鲍夫法则的八句金言，你会发现它们是一个不断渐进的过程。建立合作和信任的基础最重要的就是认识自己和尊重他人，而上述定律无疑就是进行这一过程的最好表现。理解了雷鲍夫这八条法则，你会在建立信任与合作中无往不利、事半功倍。

发现火警的主管说错了什么

一个刚做爸爸的男人问妇产科医生："医生，我要等多久才能和我的太太有房事？"医生含糊其辞地说："四到六个星期。"

过了30个星期，这个男人找医生诉苦："医生，我不能再忍耐了，46个星期太长了，有没有其他的办法？"

上述事例就是由于医生含糊其辞，结果产生了误解。

有一个秀才去买柴，他对卖柴的人说："荷薪者过来？"

卖柴的人听不懂"荷薪者"——担柴的人——三个字，但是听得懂"过来"两个字，于是把柴担到秀才前面。

秀才问他："其价如何？"卖柴的人听不懂这句话，但是听得懂"价"这个字，于是就告诉秀才价钱。

秀才接着说："外实而内虚，烟多而焰少，请损之。"——你的木柴外表是干的，里头却是湿的，燃烧起来，会浓烟多而火焰小，请减些价钱吧。

卖柴的人因为听不懂秀才的话，于是担着柴走了。

有个主管对下属说："赶紧给我拿桶水来！"员工马上遵照执行。

员工边跑边想：水龙头在哪？水桶在哪？他终于想到不远处食堂有水桶。

他盘算着：先拿桶，然后到最近的水龙头打水，这样最省力。

回头一看，不得了！房子起火了。原来，当时主管发现了火警，见到下属马上让他拿水来。

主管脑子里想的事，员工是不知道的。下属直埋怨：早知道是救火，附近就有灭火器，何必要跑到远处去拿水呢！

如果主管起初对下属说："有火警，你赶紧给我拿水来!"这位下属就会想:要救火,赶紧!但救火不一定非得用水呀!附近不是有灭火器吗?几分钟内火警就会解除。

案例点评:

指令不清,执行就不会到位。(一)一个含糊其辞、不明不白的命令,与没有命令别无二致,甚至还不如没有命令;(二)要用简单的语言、易懂的言词来传达讯息,对于说话的对象、时机要有所把握,有时过分的修饰反而达不到想要的目的;(三)指挥员工办事,最好把目的也告诉他。

提出问题,让下属自己去反省

一位总裁走出办公室,看见一个员工站在高处用废报纸擦窗户上的玻璃。

总裁问这位员工:"你为什么不用那种带把的刷子擦玻璃呢?站在高处多危险!"

"我一进公司就是这样干的。"员工回答。

"为什么你不向主管建议呢？"总裁问。

"刚进公司时建议过此事，可他不闻不问，我有什么办法？"

总裁十分恼火，就把主管叫来，问："这件事上，你认为你有责任吗？"

主管点点头。

总裁说："那你说说看，在这件事上，你有什么责任？"

主管低着头，沉默不语。

总裁说："看来你还不明白你的责任是什么，你想好了来找我！"

过了一会，主管来找总裁说："我的工作就是要确保我的部下有合适的工具，这是我的责任。"

总裁说："你只说出了一部分责任，你再想想，想明白了再来找我！"

主管回头又找总裁说："对下属的工作建议，我应该积极听取，并选择其中合理的部分予以实施，这也是我的责任。"

总裁紧锁的眉头终于舒展开来，说："非常好，我希望你能把这两个责任全部承担起来，你能做到吗？"

主管说："我能做到，请您放心！"

总裁站起来，握了握主管的手，微笑着说："我相信你能做到，拜托你把责任承担起来！"

主管心中的责任感油然而生，离开总裁办公室时心里热乎乎的，他发誓一定要把工作做好。

案例点评：

总裁本想严厉地批评这位主管，但是却改为提问的方式，让下属去自我反省。当主管自己说出总裁想要说出的话时，一次有效的沟通就已经完成了。这就是领导的口才之道与说话的艺术。

下属为什么不愿意讲真话

作为森林王国的统治者，老虎几乎饱尝了管理工作中所能遇到的全部艰辛和痛苦。它终于承认，原来老虎也有软弱的一面。它多么渴望可以像其他动物一样，享受与朋友相处的快乐时光，能在犯错误时得到哥们儿的提醒和忠告啊。

它问猴子："你是我的朋友吗？"

猴子满脸堆笑着回答："当然，我永远是您最忠实的朋友。"

"既然如此，"老虎说，"为什么我每次犯错误时都得不到你的忠告呢？"

猴子想了想，小心翼翼地说："作为您的属下，我可能对您有一种盲目崇拜心理，所以看不到您的错误。也许您应该去问一问狐狸。"

老虎又去问狐狸。狐狸眼珠转了一转，讨好地说："猴子说得对，您那么伟大，有谁能够看出您的错误呢？"

案例点评：

想要下属指出你的缺点和错误，首先得让他们确信自己不会被报复和惩罚，其次是要给他们勇气，还有就是作为主管的你，必须具有明辨是非的眼力和包容的胸怀。简言之，如果管理者要想听到真话，就要开创一个让下属敢于讲真话的环境和氛围。

三三三结构化表达法

各位一定都听过乔布斯的演讲，可谓非常精彩，尤其是当他每次介绍苹果的新品秀时。我们就选一段乔布斯2005年在斯坦福大学的经典演讲，来一次分解，看看苹果教主的结构化表达方式。

开篇他说：我只说三个故事，不谈大道理，只是三个故事而已。

其后，他讲了三个故事：

第一个故事关于因果。主要讲他的出生、被收养、休学，以及去里德学院旁听书法课的时候学习到精美的书法。而这些书法字体在若干年后他创办苹果公司时成为苹果电脑的字库。

第二个故事关于得失。在苹果的发展期，他雇用了斯卡利和他一起管理公司，在一次发生分歧时，董事会站在斯卡利一边，而炒掉了乔布斯。在经历短暂的失落后，乔布斯重新成立Next公司和皮克斯公司。而皮克斯公司当时的作品《玩具总动员》很火爆，成为世界上最成功的动画工作室。就在此时，苹果又回购了Next公司，乔布斯这才得以重新回归苹果，开启了苹果的第二度辉煌。

第三个故事关于死亡。从查出胰腺癌到做手术治好胰腺癌，在这段时间里，乔布斯对生命有了新的认识。他说：你们时间有限，所以不要浪费在重复他人的生活上。不要被教条所束缚，盲从教条就是活在别人思考的结果里。不要让别人的意见淹没了你的心声。最重要的是，你要有勇气去听从你直觉和心灵的指示——它们在某种程度上知道你想要成为什么样子，所有其他的事情都是次要的。

最后，他送给所有毕业生一句经典的话：stay hungry, stay foolish（求知若饥，虚心若愚）。乔布斯的演讲一气呵成，结构严谨，内容饱满，实在是一篇佳作。

西点军校曾经有一个训练学员的方法，叫三点表达法。西点军校的军官会用报纸或其他载体训练学员，比如问：纽约时报今天有什么要点？学员必须回答：今天的纽约时报有三个要点，然后迅速说出这份报纸的三个主要标题。

西点军校用这样的方式训练了学员汇报工作只汇报重点的习惯，当这种习惯一旦养成，就会变成一种能力。战场上，当一个低阶的军官向上级汇报军情或上级军官下达命令时，如果简明扼要，条理清晰，重点突出，这样的能力对战局会有一定程度的影响。如果很啰唆，半天说不到重点，必会影响对方对信息的理解。

作为领导者，所传达的信息不清楚是大问题，因为目标是否明确对沟通效果影响重大。如果领导者不能把一个观点条理分明地表达清楚，整个部门、团队和个人都会感到茫然。

案例点评：

结合西点训练和乔布斯的演讲，著名管理顾问何晓飞先生经过研究，总结出三三三结构化表达法。它是指用三个观点（要点）、三个故事（案例）、三个结论，在一个指定的时间内将内容说清楚。这样的演讲结构会让自己的发言更具条理性、更有逻辑性、更加接地气，内容也更加饱满、有趣。

柯立芝总统的"三明治法则"

美国前总统约翰·柯立芝发现，他的女秘书虽然长得非常漂亮，但工作经常出错。如果直接批评她，可能会激发她的防卫心理。

一天早晨，当这位女秘书穿着漂亮的衣服走进办公室时，他对她说："今天你穿的衣服真漂亮，适合你这样年轻漂亮的小姐。"女秘书听了喜形于色。

柯立芝接着说："你处理的公文如果不出错的话，我相信它也能和你一样漂亮。"从那天起，女秘书处理公文就很少再出错了。

柯立芝总统在批评女秘书之前先赞美其优点，然后提出批评，最后以积极的方式结尾。这个三段式的批评方法就像一个"三明治"：两片"赞美"的面包夹着一片"批评"的肉。这种沟通方法，被称为三明治法则。

案例点评：

三明治法则有利于员工接受上级的建议和批评，原因是：（一）在批评之前，先说些亲切关怀、赞美之类的话，就可以营造友好的沟通氛围，并可以让对方平静下来、安下心来进行交流；（二）在批评之后再说些鼓励和肯定的话，能及时给批

评对象以鼓励、希望、信任、支持、帮助，使之振作精神，重
新再来，不再陷于错误的泥潭中。

史密斯州长的激将法

艾尔·史密斯曾任美国纽约州州长，他就曾成功地利用对
方的好胜心而创造了一个奇迹。

一次，史密斯需要一位强有力的铁腕人物去管理魔鬼岛以
西最臭名昭著的辛辛监狱，因那里缺一名看守长。这可是件棘
手的事。

经过几番斟酌，史密斯选定了新汉普顿的刘易斯·劳斯。

"去管理辛辛监狱怎么样？"史密斯轻松地问劳斯，"那
里需要一个有经验的人去做看守长。"

劳斯大吃一惊，他知道这项任务的艰巨。这是一项政治任
命，他不得不考虑自己的前途，考虑这是否值得冒险。

史密斯见他犹豫不决，便往椅背上一靠笑道："害怕了，
年轻人？我不怪你，这本就是个困难的岗位，它需要一个重要

人物来挑起担子干下去！"

这句话激起了劳斯的好胜心，他终于接受了挑战，并在辛辛监狱待了下去。后来，他对监狱进行了改革，帮助罪犯重新做人，成了当时最负盛名的看守长。他创造了奇迹。

案例点评：

请将不如激将，巧妙地激起下属的好胜心，对于目标的达成有十分重要的作用。

撒切尔夫人的演讲赏析

英国前首相撒切尔夫人具有令世人称道的仪表和风度，她是20世纪后期世界上最具魅力的政治人物之一。而她引人入胜的演讲风格，更为她树立了很高的国际威信。她在上任后的第一次讲话中这样说道：

"我是继伟人之后担任保守党领袖的，这使我觉得自己很渺小。在我之前的领袖，都是赫赫有名的伟人，如我们的领袖温斯顿·丘吉尔把英国的名字推上了自由世界历史的顶峰；安东尼·伊登为我们确立了可以建立起极大财富和民主的目标；哈罗德·麦克米伦使很多凌云壮志变成了每个公民伸手可及的现实；亚历克·道格拉斯·霍姆赢得了我们大家的爱戴和敬佩；爱德华·希思成功地为我们赢得了1970年大选的胜利，并于1973年英明地使我们加入了欧洲经济共同体。"

在这段讲话中，撒切尔夫人列举了近代史上英国历任首相的功绩，以此来表明自己任重道远和豪情壮志。

1979年撒切尔夫人在大选中获胜，成为英国第一任女首相。在这样一个具有划时代意义的时刻，她在讲话中有一段这样说道：

"不论大家在大选中投了谁的票，我都要向你们——全体英国人民呼吁：现在大选已过，希望我们携手前进，齐心协力，为我们所自豪的国家的强大而奋斗。我们面前有很多事情等着我们去做，让我们一起奋斗吧！"

她的这次演讲使她成功地贴近了广大民众，增强了她在英国人民心中的归属感。

1987年她第三次连任首相，她的讲话已经变得充满斗志和霸气：

"我们有权利也有义务提醒整个自由世界注意，英国再次信心百倍、力量强大和深受信任。我们信心百倍，是因为人们的态度已经发生了变化；我们的力量强大，是因为我们的经济欣欣向荣，富有竞争力，而且在不断强大；我们深受信任，是因为世人知道我们是一个强大的盟友和忠实的朋友。"

案例点评：

领导者的语言对维护领导者形象、树立领导者威信有着重要作用。从撒切尔夫人的演讲词中我们可以看出，作为首相，她一上任就表明了自己的目标，以增加全体人民对政府和自己的信心，并以此获得人民的拥戴。随着时间的推移，撒切尔夫人越来越倾向于表现自己的信心和王者之气。这也进一步使得她在人民中的威信不断提高。

马云的领导口才赏析

马云曾经参加过《赢在中国》，并担任评委，下面是他和一位选手的对话：

马云：你产品的市场是针对国外？针对北美？

李红梅：现阶段是北美市场，美国市场是成熟的市场，其他市场不太成熟。

马云：你有两个核心竞争力，第一个是整合资源，国外没有资源，国内也要摸索，那么如何整合？第二个核心竞争力是外包，如果说外包是核心竞争，那么美国公司就做不到外包？

李红梅：第一核心竞争力就是把数据转化和数据输入这一部分的业务，跟软件销售业务整合起来，这是我的一个核心竞争力。

马云：你觉得这个竞争力很高？

李红梅：因为美国的公司很少这样去整合。

马云：你现在有多少员工了？

李红梅：在北美我只有一些高端的设计人员，大概有4个。

马云：我觉得你的项目很难，相当难。我诚恳地建议，你最好别创业。我见过创业很艰辛的人，但他说我就愿意创业。我感觉是这样，从性格各方面来讲，你不是很适合创业。我经常对朋友讲，有时候做一份工作，做一份喜欢的工作就是很好的创业。

你这个人很热情、很善良，这些性格可以让你成为一个非常好的员工，非常好的义工，为此完善自我，这可能很好，但是对于创业，我很坦诚地说，你真的不合适。

在一次演讲中，马云说：

我记得在飞机场买过一本杂志，我说这个人怎么这么厉害，翻过来一看才知这个人是我。我认为那个人根本不是我，说得夸张！不要盲目地去追求有些东西，比如第一次创业的时候你想做什么？不要受外界的影响，你自己就要确定你就是要做这件事情。我在做阿里巴巴的时候，有一个机会，有一个很大的公司给我的年薪是150万美元，不包括奖金和股票。这是很大的诱惑，但是我没有答应。我家人说我是疯子，这么多钱，你不要。我就说这个机会我不要，我就是想创办一个中国人的网站。所以有时候你要做什么，当你愿望很强烈的时候就会抵挡很多诱惑。现在很多企业不问你能做什么，因为这个世界上能做什么的人比你多多了。

有了这点以后你会非常独特，因为你想的时候非常深入，这两年我不跟别人探讨阿里巴巴的模式。今天我讲的未来五年是很模糊的。说心里话我真的不了解阿里巴的模式是什么。说实在的如果真有好的模式，你不要告诉别人。假如你们家床底有一个金罐，你不可能去告诉所有人。所以好的模式是摸索出来的。一个月前我在亚布力会议上参加企业会谈，有几个人在讲如何才是成功的企业家？后来我分析了他们几个人，他们基本上都是失败了几次。

一般来说，成功的人往往说不清自己是怎么成功的。中间很多很多的原因、理由你不知道，还有很多运气成分。我觉得阿里巴巴这几年来犯了无数的错误，但是我觉得那不是错误。在创业过程中，很多的灾难你预料不到。中国绝大部分企业今天还没有到这一步，绝大部分企业就是战术，战术就是活下来，当你达到一定的规模、具备一定的实力的时候你再去考虑战略。

第四届网商大会暨第二届网商节是在杭州召开的，主题是网商的崛起，马云、郭台铭、孙正义等都出席了那次活动。在活动中，马云做了演讲，下面是其中的一段：

今天我很感谢郭先生给我们做的演讲。两个月前我跟郭先生说好请他做演讲，他说你要把提纲和题目给我，就在前天早上我们还在开电话会议讨论怎么讲，我还没见过一个大老准备演讲这么认真过。前面两次我们的争论较多一点，但是当我坐在下面争论时不断地表达自己的想法就没有时间听。我在下面一直想，有些东西让我感慨，第一他感觉到成功，我自己也这么觉得，但我不知道什么叫成功，我只知道什么叫失败。我不敢说我们是成功的，当一个人开始承认自己成功的时候也是开始走向失败的时候。

另外一点，我听了郭先生的演讲后，觉得我们两个有一个共同点，就好比在武功上面他像外家功夫，我像内家功夫，但是大家基本的想法是一样的，坚持啊，梦想啊，永不放弃啊，细节啊……大家都知道，昨天晚上两点钟郭先生还在准备今天上午的演讲稿，他细节的处理包括每一个字，他都一笔一笔在做，包括昨天晚上我们在西湖上面谈论项目。只有一个很勤奋的人，很注重细节的人，很有理想的人才会走到现在。所以直到今天，我才对郭先生有了更深刻的了解。至少别人把我说得那么好，我没那么好，别人说我那么坏，我也没有那么坏。所以在今天这样一个场合，我把郭台铭先生介绍给大家！

郭先生不是靠继承父母遗产发家的，是他三十年以来靠自己点点滴滴才走到今天的。

我们都有一个梦想，我的梦想刚好跟郭先生相反，我们第一次吵架就是从这儿开始。我认为大企业在信息时代会越来越小，我的梦想就是把所有的像富士康一样的大企业变成小企业，至少把它拆成四零八落的，这样大家才有饭吃，不然麻烦就大了。

我觉得其实没有新经济和旧经济之分，我们这个新经济，所谓的互联网就是初始完善的设备，传统行业更加好，更加完善，但是在旧工业时代，上一个世纪，由于生产规模化，由于商业资本化，由于大企业的资源，逐渐形成了少数大企业对某一行业的垄断，互联网就应该打破这种垄断。

马云曾这样跟自己的员工说：

跟大家说一下，我最大的顾虑就是上市以后员工的心态问题。我一定会跟所有的老员工交流，特别是"五年陈"以上的老员工做一个沟通和交流。

孙正义讲过一个故事，这个故事是真实的。当年软银在日本刚刚成立的时候，有一个小女孩得到软银一点股票。那个女孩很不高兴，说这一点股票还算股票？我不要股票，你给我工资多一点。所有公司创业时现金都比较少的，阿里巴巴创业时也一样，开始工资比较低，到了淘宝也低、支付宝也低，雅虎有点例外。当时孙正义就希望工资低一点。女孩拿了一点股权，也没当回事。一年以后，两年不到的时候，软银上市了，这一点股票值一百多万美金，最后涨到将近两百万美金。她才拿了一点，后面的人可能有拿更多的，拿了股票的女孩们全部变成了上百万美金的股东，有的人甚至变成了几千万美金的富翁。她们说我们真是幸运，于是嫁人的嫁人，不干活的不干活，开始买房子、嫁人，却没有一个人真正感谢公司、没有一个人真正感谢团队。这件事对软银内部冲击很大，公司许多员工一起跑开，很多人成立了自己的公司，来挖原来公司的墙角。留在软银的人股票受到了打击，公司受到了伤害。当然据现在统计，出去的人没有一个人是成功的，来得快去得更快。留下来的人都活了下来，而且现在公司的股票越来越坚挺。

我跟大家讲，八年以来或者说五年以来，我们这些人中，可能有些人想，反正也没有地方去，在阿里巴巴待着挺好的。我不敢说是百分之八十，至少百分之四十的人会觉得我也没有地方去，有一个工作做做就好，反正在这个公司总能够混下去的，于是稀里糊涂待下去。那些认为自己很能干、应该得到更高待遇的人都走了。那些认为肯定能够得到更高的工资、更高的职位、更多的股权的人都走了。这些都是自认为很聪明的人，而我们这些自认为不是很聪明的人都留了下来。

在一次公司内部讲话中，马云告诉员工们：

我今天不想说，我们一定要往这边走，而是和大家一起探讨一些思想。

还有就是我们以前讲的实力。今天，我看到标语上这么几个字：勇气和坚持。我以前讲过，实力就是抗击打能力，你怎么打我我都不倒，明天又来了。在这里面可以看到实力是一种勇气和坚持。为什么你有勇气，因为我们所谓"艺高人胆大"，我敢走。

勇气是因为你"艺高人胆大"，而坚持是因为你有"使命感"。你可能比别人看得远，你看到的角度别人可能没有看到，所以你坚持走下去。在勇气和坚持这两个词里面，上升到一个高度就是，勇气是在压力面前还敢不敢坚持？坚持往往是在压力和诱惑面前，你敢还是不敢？这是身为领导者很重要的一点。

压力压得大，比方说SARS(非典)爆发的时候，整个阿里巴巴的人都感觉到天要塌下来了，明天要把我们的门关了。我们阿里巴巴从来没有比这个时候体现出更强大的领导力。当时我们说不能忘记客户，我们还是要往前走。那个时候真的有点像外星人打地球，一场fight(战斗)。

除了压力，还有诱惑。昨天我和卫哲讲，路演的时候，按照我们的资金、所有的认购量，一千八百亿美金的无底价订购，我们真的可以在十八块、十九块左右轻轻松松地卖出去，多卖一块钱，就能多拿一亿美金，就可以多一个阿里巴巴江对岸的园区，十三万平方米。在这个诱惑面前，你还是否坚持使命感？事实上，很多人在诱惑面前软掉了，在压力面前弯掉了。

其实领导力的最后实力是在于勇气和坚持。真正的将军是在特别的时候才看得到的将军。大败敌军，掩杀过去的时候，这个将军的勇气和领导力你是看不出来的。撤退的时候才看得出来谁是优秀的将军。撤退的时候，在压力面前、在诱惑面前，你要敢于做到理想不减。

淘宝五年不收费，原因之一是我们要实现承诺，另外一个，我们知道B2C、C2C的市场很大，要抢占制高点。在这个诱惑面前，在压力面前，偏偏有人在说：哎呀，阿里巴巴是不是不知道怎么挣钱了，你们好傻，等等。So what（那又如何）？因为你看得更远，因为你知道你的使命不是挣点钱，而是创造一百万的就业机会，而是改变无数人的命运。所以我们说不，继续往前。勇气让我们知道自己的使命，我们要认清自己，但不是狂妄。

案例点评：

第一个案例，展现了马云在面对他人错误时的说话之道。面对一个人的错误决定，真正对他好的做法是将之点醒，就是要直接告诉他这么做是错误的，是不会有太好的结果的。如果因为怕伤害他而把话说得遮遮掩掩，那么我们的话就没有了说服力，也不会引起对方的注意。这样做或许看起来我们更近人情，但对那人却丝毫没有帮助。

第二个案例，展现了一个真实的马云，他有事业、有地位，但没有架子。他总是能够摆正自己的位置，不以高高在上的姿态去面对别人；他懂得给别人留有余地，别人自然也会给他更多的认同。

第三个案例，显示了马云是一个说理非常清楚的人。真正的高手，就是用最质朴的语言、最简单的方式、最少的字句将自己的意思表达清楚。做到这些就足够了，如果太过于在意语言的外在表现形式，反而会妨碍我们将意思表达清楚。

第四个案例，马云没有说那些从公司得利后去外面发展的人的坏话，没给他们冠上一个不懂得感恩的帽子，而是用那些人的现实遭遇来告诉大家：公司是一个众人的集合体，靠每个人的努力才有公司的现在，也只有这些努力同时存在，才会有员工的未来。这，才是最好的说服方式。

　　第五个案例，马云的这段话是为了鼓励员工们不要被外界影响而丧失斗志。这就是马云，总是能够找到最好的应对方式，用自己的语言激励员工们成长。

后　记

　　本书已接近尾声，但还有很多内容难尽其详。笔者认为有必要将面对媒体时的说话技巧、应变技巧、应答策略等作以归纳、总结，以飨读者。

　　我们知道，领导是企业的核心人物，有时候领导说的一句话将直接影响企业的未来。这话绝非危言耸听。而身为领导，尤其当他面对各种媒体的采访、提问或刁难时，更需要讲究语言的策略。

　　下面的十条策略可以让身为领导的你在媒体面前游刃有余，左右逢源。

　　一、积极主动的媒体策略

　　努力让媒体从你的角度来关注事件。你可以向所有的媒体同时发布信息，也可以将信息透露给某位记者，使其成为"内部观点"。如果你想先试探一下受众反应的话，后一种策略往往比较理想。

二、第三方策略

让媒体对某个事件进行报道，但不要突出你的组织。你可以通过其他组织中的评论员提供一些代表"第三方"的观点或评论。

三、"硬新闻"策略

通过活动、抗议、新闻发布会、社评、研究等方式来制造新闻，或者通过增加"热度"、呼吁变革、"让事件变得更有戏剧性"等方式来引发媒体报道。如果能够将你的组织刻画成某家公司或谣言的受害者，这种策略就会产生很好的效果。

当然，这种"硬新闻"的策略也有其消极的一面，它的时效性比较强，其影响力很快就会减弱，而且一旦在受众心目中形成某种印象，你就很难去改变它。通常情况下，这种方法的主要目的在于给相关机构施加压力，或者是攻击你的对手。

四、"软新闻"或专题策略

"软新闻"或专题策略属于一种深度报道策略——通常是在媒体的专题版、生活方式版等版面或者是访谈节目当中使用。它要求新闻发布者投入较长的时间，要有很大的耐心，并且与相关的编辑、制片人或记者保持一定的关系，而且双方能够就当前的事情达成一定的共识，或者至少双方都认为这件事情很重要。

五、快速响应策略

当所有的因素都已经准备就绪的时候，你可以考虑使用这一策略。如果执行得比较到位的话，你可以通过这种策略使那些攻击你的人反受其害。尤其是当你以"从大局着眼"或者是"直面真正的问题"等角度作出响应，并且是用一种"悲伤而非愤怒"的口气表达出来的时候，其作用更加明显。

六、低调策略

其目的在于使你的组织保持在媒体视线之外，只要媒体不把你的组织放到焦点位置，该策略就会有效。在使用该策略的时候一定要小心，它很可能会成为对方向你发起攻击的武器。

七、"你可能永远不爱我们，但我们希望你恨我们的敌人"策略

该策略的主要目的是暴露对手的弱点。在很多时候，这种方法很容易被认为是"违反公平竞争原则"的行为。在使用该

策略的时候，一定要保持视角的平衡，要注意有意识地肯定对方，同时也注意要提出一些具体的问题，而不可一味地泛泛而谈。

八、"教育媒体"策略

如果你要发布的是一条比较复杂的新闻，千万不要试图"快速击中"媒体。相反，你应该向对方提供足够的背景资料，举办相关会议并邀请媒体参加等，并通过这种方式来教育那些你所选中的记者和制片人。

该策略属于一种长期策略，但一旦出现"引发"事件或新的进展，而媒体又从中找到进行报道的机会或理由的时候，它的作用就会立即发挥出来。

九、"累积区域媒体"策略

由于那些全国性媒体的新闻容量都比较有限，所以逐个占领区域性媒体的策略经常也会产生巨大的影响。事实上，区域媒体新闻播报的累积受众要远远多于综合性网络电视新闻节目。从技术上来说，做一则区域性新闻要远比做一则全国性新闻的难度小得多，而且该策略还可以有效避免"过度曝光"。该策略通常是以面对面采访或通过卫星媒体巡回播报。

十、"要想成为一个好的话题，首先必须成为一个好的资源"策略

在使用该策略的时候，你应该向记者们提供更多的帮助——帮助他们了解相关事件的前因后果，而不要只是简单地传达信息。通过这种策略，你可以跟媒体建立一定的信任关系——从而可以更加容易地控制媒体的报道。

当然，在采访的过程当中，采访者经常会提出一些可能会给你带来麻烦的问题。下面我们用典型例子说明，作为领导该如何处理一些特殊的问题。

1. 当对方提出一些诱导性问题的时候

问题："你是否觉得这家公司过于贪婪了？"

答案："我不这么认为。他们是一家非常有竞争力的企业……"

建议：不要重复对方的诱导性词语（比如说"贪婪"），你甚至可以予以否认。在不重复诱导性词语的情况下进行反驳。

2. 当对方要求你发表个人观点的时候

问题："你个人怎么看这件事？"

答案："我觉得问题不在于我的个人观点。问题是……"

3. 当对方要求你代表其他人发言的时候

问题："你觉得市政府会作出怎样的决定？"

答案："这个你恐怕要去问市政府。"

建议：不要回避问题。只代表你的组织发言。

4. 当对方给你两种选择的时候

问题："你们是要增加资助金额还是要维持现状？"

答案："都不是。我们的目标是提供高质量的服务。"

建议：忽视对方提出的两种选择方案或者直截了当地说出你的观点。

5. 当对方谈到某些谣言的时候

问题："据说其他团体也想申请证书。"

答案："回应谣言显然是不适当的，只有当问题真正出现的时候，我们才需要去解决它。"或"到目前为止，我并没有找到证据来支撑这个谣言。"

6. 当对方打断你的时候

当你第一次被打断的时候，不要介意。等着对方讲完，然后你再继续讲：

答案："我想继续谈完刚才的话题，因为这非常重

上面只是挑选了领导如何应对媒体的普遍问题，以抛砖引玉。在实际的工作和生活中，身为领导者将面临各种各样的问题，这就需要你具备随机应变的能力和机敏的口才。只有如此，才能纵横商海，所向披靡，战无不胜。